UNSERE **BESTEN** REZEPTE

EINTÖPFE UND SUPPEN

Stiftung Warentest

1

VEGETARISCH

2

MIT FLEISCH UND FISCH

3

SUPPEN AUS ALLER WELT

4

SUPPEN-KLASSIKER

5

RAFFINIERTE SUPPEN-IDEEN

Vielfalt löffelweise

⌛ 20 Min. + 40 Min.
🍽 355 kcal pro Portion

Schnell im Blick: *Zubereitungszeit und Kalorienzahl helfen bei der Auswahl des richtigen Rezepts. Die Zubereitungszeit ist aufgeteilt in die Zeit, in der Sie beschäftigt sind, plus die Zeit, die manche Gerichte für sich selbst benötigen – zum Gehen, Backen, Braten, Gefrieren, Kühlen, Kochen, Marinieren usw. –, die für Sie aber Freizeit ist.*

Mengenangaben	Nährwertangaben
TL: Teelöffel	**E:** Eiweiß
EL: Esslöffel	**Kh:** Kohlenhydrate
Bd.: Bund	**F:** Fett
Pckg.: Packung	**kcal:** Kilokalorien
Msp.: Messerspitze	

„Mit dem Löffel essen", das bedeutete das Wort „Suppe" in seinem Ursprung. Simples Prinzip, unzählige Möglichkeiten: Klar oder cremig, deftig bis leicht, mit Gemüse, Fleisch oder Fisch, Nudeln, Kartoffeln, Linsen, kalt oder warm. Wie wäre es zum Beispiel mit Zucchinisuppe mit Rosmarin und Oliven, Blumenkohl-Curry-Suppe mit Garnelen oder einem geeisten Gurken-Koriander-Süppchen mit Tomatensorbet? Selbst zubereitet schmecken sie unwiderstehlich – und enthalten im Gegensatz zu den meisten Tütensuppen keine künstlichen Geschmacksverstärker.

Auch für die Gesundheit bieten Suppen und Eintöpfe eine ganze Menge: Das Wasser, in dem die Zutaten gekocht werden, wird mitgegessen – einschließlich der gelösten Mineralstoffe darin. Daher sind Suppen besonders gesundheitsfördernd und können bei einer Erkältung bei der Genesung helfen. Das Wasser bietet außerdem ein großes Volumen und füllt so den Magen schneller. Damit ist der Hunger ohne viele Kalorien gestillt, optimal für eine schlanke Linie!

Mit den heißen Suppenkreationen lässt es sich an kalten Tagen genussvoll Aufwärmen. Im Sommer liefern kalte Suppen eine willkommene Abkühlung. Suppen können Sie klassisch als Vorspeise reichen oder als Zwischendurch-Snack, größere Portionen mit üppigeren Zutaten und Eintöpfe auch als Hauptgericht. Abgekühlt und in einem Kunststoffbehälter verpackt sind Eintöpfe und Suppen die optimale Pausenmahlzeit für das Büro – in der Mikrowelle sind sie im Nu erwärmt.

Die flüssigen Traditionsgerichte lassen sich auch sehr gut auf Vorrat kochen. Stellen Sie die fertige Suppe oder den Eintopf im Topf in ein Eisbad – durch das schnelle Runterkühlen wird die Haltbarkeit verlängert und die Nährstoffe und Aromen bleiben besser erhalten. Bei ca. 3 °C sind einige Suppen und Eintöpfe so bis zu drei Wochen haltbar. Sie können die meisten Suppen und Eintöpfe auch portionsweise einfrieren. Am besten im Gefrierbeutel, flach gefroren sind sie besonders platzsparend. Auftauen lassen sie sich bei Zimmertemperatur oder schneller in der Mikrowelle. Je länger das Auftauen dauert, desto schonender ist es für die Zutaten.

Grundbrühen selbst gemacht

Mühe, die sich lohnt – selbst gemachte Brühen schmecken am besten.

Gemüsebrühe: (für 1½ l) 1 Zwiebel, 1 Knoblauchzehe vierteln. 1 Bd. Suppengrün, je 200 g Fenchelknolle und Karotten klein schneiden. 2 Fleischtomaten vierteln, Stängelansätze entfernen. 3 getrocknete Pilze in 125 ml warmem Wasser einweichen. Im Topf 1 EL Margarine erhitzen, Zwiebel, Knoblauch und Gemüse darin anbraten. Pilze mit Flüssigkeit, 1 Bd. glatte Petersilie, 1 Zweig Thymian, 1 Lorbeerblatt, 1 Nelke und 6 schwarze Pfefferkörner zugeben. Mit 2 l Wasser aufkochen, ca. 30 Minuten zugedeckt köcheln lassen. Brühe durch ein Sieb gießen, Gemüse mit dem Löffel ausdrücken, wegwerfen.

Rinderbrühe: (für 2 l) 500 g Suppenfleisch mit Knochen und 700 g Rinderknochen waschen. Mit 2½ l kaltem Wasser aufkochen. Offen 2 bis 3 Stunden köcheln lassen. 1 Bd. Suppengrün waschen und klein schneiden. 1 Zwiebel, 1 Tomate waschen, vierteln und nach 60 Minuten in die Brühe geben. Fleisch und Knochen herausnehmen. Brühe durch ein feines, mit einem feuchten Tuch ausgelegtes Sieb gießen. Das Gemüse wegwerfen. Fleisch als Einlage oder anders verwenden.

Geflügelbrühe: (für 2 l) 1 Suppenhuhn waschen, Fettdrüse entfernen. Mit 2½ l kaltem Wasser in einen Topf geben. Aufkochen und ca. 2½ Stunden ziehen lassen. 1 Karotte, 1 kleine Stange Lauch (nur das Weiße), 150 g Knollensellerie, 1 Petersilienwurzel waschen und klein schneiden; 1 Knoblauchzehe schälen, 2 Stiele glatte Petersilie waschen. Nach 1 Stunde alles mit 1 Zweig Thymian und 1 kleinen Lorbeerblatt zum Huhn geben. Am Ende das Huhn aus der Brühe nehmen. Brühe durch ein feines, mit einem feuchten Tuch ausgelegtes Sieb gießen. Das Fleisch als Einlage oder anderweitig verwenden.

Fischbrühe: (für 2 l) 2 kg Fischgräten mit der Küchenschere in Stücke schneiden. 120 g Knollensellerie, 100 g Lauch (nur das Weiße) und 1 kleine Fenchelknolle (mit Grün) waschen, in Würfel schneiden. 1 Zwiebel und 2 Knoblauchzehen schälen und würfeln. Öl in einem Topf erhitzen, Gemüse- und Zwiebelwürfel unter Wenden anbraten. Mit ½ l trockenem Weißwein und 2 l Wasser aufkochen, abschäumen, 1 kleines Lorbeerblatt, 1 zerdrückte Nelke und Fischgräten zufügen und offen ca. 30 Minuten ziehen lassen. Dann die Fischbrühe durch ein feines, mit einem feuchten Tuch ausgelegtes Sieb gießen.

1

VEGETARISCH

100 Min. + 1 Nacht
372 kcal pro Portion

Kichererbsensuppe

1. Kichererbsen über Nacht in einer Schüssel mit gut 1 l Wasser einweichen.

2. Am nächsten Tag die Zwiebel schälen und fein würfeln. Pflanzenöl erhitzen, Kreuzkümmel und Kurkuma einrühren. Die Kichererbsen im Einweichwasser zugeben, aufkochen, 3 TL Gemüsebrühe zugeben, darin auflösen und zugedeckt 1½ Stunden garen.

3. Inzwischen die Äpfel schälen, vierteln, das Kerngehäuse entfernen und die Apfelstücke würfeln. Alles noch 3 Minuten köcheln lassen und mit dem Pürierstab zerkleinern.

4. 3 TL Gemüsebrühe zugeben und je nach Sämigkeit das restliche Wasser zufügen. Den Frischkäse unterrühren, mit gehackter Petersilie bestreuen.

Tipp: *Wenn Sie Kichererbsen aus der Dose verwenden (Einwaage: 900 g), sollten Sie etwas vorsichtiger mit der Gemüsebrühe würzen, denn die Konserven enthalten Salz.*

Für 4 Portionen:

300 g Kichererbsen, getrocknet
1½ l Wasser
1 mittelgroße Zwiebel (100 g)
3 ½ EL Pflanzenöl
2–3 TL Kreuzkümmel, ganz grob gestoßen
1 Prise Kurkuma
5–6 TL Instant-Gemüsebrühe
2 Äpfel (etwa 300 g)
80 g Frischkäse
2 Bd. glatte Petersilie, gehackt

Pro Portion: 17 g E, 38 g Kh, 16 g F

40 Minuten
545 kcal pro Portion

Paprika-Kokos-Suppe

Für 4 Portionen:

- 4–5 Kartoffeln (etwa 300 g)
- 250 g grüne Bohnen
- 500 g rote Paprikaschoten
- 125 g Zwiebeln
- 3 Knoblauchzehen
- 400 ml Kokosmilch
- 80 g Ingwer
- 400 g gemischte Pilze
- 400 g Räuchertofu
- einige Stiele Salbei (oder andere frische Kräuter)
- außerdem: Salz, Olivenöl

1. Kartoffeln schälen, in kleinere Würfel schneiden, Bohnen in Streifen schneiden (wie Schnippelbohnen). Beides zusammen in 300 ml Salzwasser bissfest kochen. Das dauert je nach Sorte 10 bis 15 Minuten.

2. Paprikaschoten waschen und entkernen. Zwiebeln und Knoblauchzehen schälen. Alles in kleine Stücke schneiden, mit 200 ml Wasser aufkochen, salzen, bei niedriger Hitze etwa 15 Minuten weich kochen und pürieren. Zu den Kartoffeln und Bohnen in den Topf geben.

3. Ingwer schälen, dünn hobeln oder fein raspeln und mit der Kokosmilch in den Topf zugeben.

4. Pilze säubern, in Scheiben schneiden, Räuchertofu in kleine Würfel schneiden. Nacheinander mit jeweils 2 EL Olivenöl knusprig braten. Salbeiblättchen abzupfen.

5. Pilze, Tofu und frische Kräuter über die leicht cremige Suppe streuen.

Pro Portion: 17 g E, 36 Kh, 33 g F

Tipp: *Anders als Tofu natur bringt Räuchertofu eine spezifische herbe Note mit. In sehr kleinen Würfeln kross ausgebraten, würzt er so viele Gerichte auf besondere Art.*

20 Minuten
490 kcal pro Portion

Rahmsuppe mit Wein

Für 4 Portionen:

- 4 Scheiben Bauernbrot
- 5 EL Butter
- 1 Zwiebel, gehackt
- 200 g Sahne
- 1 TL Kümmel
- Salz
- 125 ml Weißwein
- evtl. Bergkäse oder Gouda

1. Das Brot in Würfel schneiden und in 4 EL Butter knusprig rösten.

2. Die Zwiebelstücke in 1 EL Butter leicht anschwitzen, mit 750 ml Wasser und der Sahne aufgießen, mit 1 TL Kümmel und Salz abschmecken. Alles auf kleiner Flamme 5 Minuten kochen lassen, dann mit dem Weißwein kurz aufkochen, vom Feuer ziehen.

3. Die Suppe in Schalen oder Teller füllen, mit Kümmel und den gerösteten Brotwürfeln bestreut servieren. Wenn die Suppe noch mehr sättigen soll, streuen Sie Käse darüber, beispielsweise Bergkäse oder Gouda.

Pro Portion: 7 g E, 40 g Kh, 29 g F

Tipp: *Lieber kein Alkohol und etwas weniger Fett? Dann ersetzen Sie Weißwein plus Sahne durch Sauerrahm. Dazu 250 g Sauerrahm mit 5 EL Wasser und 1 EL Mehl verquirlen und 5 Minuten quellen lassen. Danach geht es weiter wie im Rezept beschrieben.*

20 Min. + 20 Min.
322 kcal pro Portion

Gelbe Paprikasuppe mit Ziegenkäseklößchen

1. Paprika putzen, vierteln, waschen und in feine Würfel schneiden. Rote Paprikawürfel beiseitelegen. Schalotten und Knoblauch schälen und in feine Würfel schneiden.

2. Einen Topf mit 2 EL Olivenöl erhitzen. Gelbe Paprika und Schalottenwürfel darin anschwitzen. Knoblauch zufügen, kurz mit anschwitzen und die Brühe angießen. Honig zugeben und bei mittlerer Hitze ca. 20 Minuten köcheln lassen.

3. In der Zwischenzeit Ziegenfrischkäse mit 2 EL gehobelten Haselnüssen, Semmelmehl und etwas Pfeffer verkneten. Kleine Bällchen daraus formen, auf einen mit Frischhaltefolie bespannten Teller setzen und kalt stellen.

4. Sahne in die Suppe rühren und mit dem Pürierstab zerkleinern. Suppe durch ein feines Sieb in einen Topf passieren und mit Salz, Pfeffer und etwas Limettensaft abschmecken, nochmals aufkochen.

5. Übriges Öl in einer Pfanne erhitzen. Rote Paprikawürfel und übrige Haselnüsse kurz mit anbraten und mit Salz und Pfeffer würzen.

6. Suppe vor dem Servieren mit dem Pürierstab leicht aufschäumen, Ziegenkäsebällchen hineingeben und mit den roten Paprikawürfeln bestreuen.

Pro Portion: 8 g E, 13 g Kh, 26 g F

Für 4 Portionen:

- 4 gelbe Paprikaschoten
- 1 rote Paprikaschote
- 2 Schalotten
- 1 Knoblauchzehe
- 3 EL Olivenöl
- 1 l Gemüsebrühe
- ½ TL Honig
- 150 g Ziegenfrischkäse
- 3 EL gehobelte Haselnüsse
- 1–2 EL Semmelmehl
- Salz, Pfeffer aus der Mühle
- 100 g Schlagsahne
- Limettensaft

30 Minuten
300 kcal pro Portion

Für 4 Portionen:

- 2 Möhren (ca. 150 g)
- 2 EL Pflanzenöl
- 120 g Zwiebeln, gewürfelt
- 2 Knoblauchzehen, gewürfelt
- 200 g rote Linsen
- 1¼ l Wasser
- 5 TL Instant-Gemüsebrühe
- 150 g Joghurt (3,5 % Fett)
- 1 EL Zitronensaft
- 3 Stiele Zitronenmelisse, gehackt
- Salz, Pfeffer aus der Mühle

Zitronige Linsensuppe

1. Die Möhren putzen, waschen, schälen und grob reiben.

2. Das Öl in einer Deckelpfanne oder einem Topf erhitzen, die Zwiebel- und Knoblauchwürfel zugeben, glasig werden lassen. Die Möhren zufügen und 5 Minuten unter Wenden dünsten. Die Linsen unterheben, mit 1¼ l Wasser auffüllen, 3 TL Gemüsebrühe zugeben und bei kleiner Hitze etwa 8 bis 10 Minuten zugedeckt köcheln lassen.

3. Die Suppe mit dem Pürierstab sehr fein zerkleinern, die restlichen 2 TL Gemüsebrühe zufügen.

4. Joghurt und Zitronensaft mischen und alles mit der Linsensuppe und den Zitronenmelisseblättern verrühren. Leicht mit Salz und Pfeffer abschmecken.

Pro Portion: 16 g E, 35 g Kh, 8 g F

⏳ 45 Minuten
⊞ 269 kcal pro Portion

Buchweizencremesuppe

1. Zwiebel und Knoblauch schälen, halbieren und grob würfeln. Paprika waschen, Stiel und Kerne entfernen und die Schote hacken. Den Buchweizen in einer beschichteten Pfanne unter ständigem Rühren anrösten, bis er duftet und leicht gebräunt ist. 3 EL als Croûtons beiseitestellen.

2. Zwiebel, Paprika und Knoblauch in einem Topf im Rapsöl kräftig anbraten. Buchweizen zugeben und mit dem Tomatensaft und 300 ml Wasser ablöschen. Kräftig würzen und den Thymian zugeben. Bei mittlerer Hitze zugedeckt etwa 25 Minuten köcheln lassen, bis der Buchweizen weich ist.

3. Im Topf mit dem Pürierstab fein pürieren, auf Suppenstärke mit Wasser (ca. 500 ml) verdünnen und mit Salz und Pfeffer abschmecken.

4. Mit Sauerrahm und geröstetem Buchweizen zu Tisch geben.

Für 4 Portionen:

- 1 Zwiebel
- 1 Knoblauchzehe
- 1 rote Paprikaschote
- 150 g Buchweizen
- 2 EL Rapsöl
- 500 ml Tomatensaft
- Salz, Pfeffer
- 1 TL Thymianblättchen
- 200 g Sauerrahm

Pro Portion: 7 g E, 33 g Kh, 12 g F

30 Minuten
100 kcal pro Portion

Kartoffelsuppe mit Radieschengrün

Für 4 Portionen:

- Grün von 2 Bd. Radieschen
- 300 g Kartoffeln (festkochend oder vorwiegend festkochend)
- 2 Schalotten
- 20 g Butter
- 2 Knoblauchzehen
- 750 ml Brühe (auch Instant)

1. Radieschenköpfe abschneiden und anderweitig verwenden. Stiele mit Blättern waschen, mindestens 15 Minuten in kaltes Wasser legen, bis die Blätter wieder prall sind. Kartoffeln schälen und in mundgerechte Stücke schneiden, Schalotten häuten, fein hacken, Radieschenblätter grob, Stiele sehr klein schneiden.

2. Schalotten und Stiele in der Butter anschwitzen, die gehäuteten Knoblauchzehen hineindrücken, Kartoffeln dazugeben. Alles bei niedriger Hitze mit Deckel etwa 10 Minuten ohne Bräunen andünsten. Mit 750 ml Brühe auffüllen und mit den gehackten Radieschenblättern kurz noch einmal aufkochen.

Pro Portion: 2 g E, 11 g Kh, 5 g F

Tipp: *Ohne Blätter und Stiele halten sich die Radieschenköpfe eng in Folie oder eine Plastiktüte verpackt mehrere Tage im Kühlschrank.*

25 Min. + 5 Min.
237 kcal pro Portion

Grüne Gemüsesuppe mit Räuchertofu

Für 4 Portionen:

200 g Zuckerschoten
250 g Brokkoli
200 g feine grüne Bohnen
½ Bd. Frühlingszwiebeln
½ Bd. Schnittlauch
400 g Räuchertofu
2 EL Olivenöl
1 l Gemüsebrühe
1 Lorbeerblatt
Salz, Pfeffer aus der Mühle
Zucker
1 Limette

1. Zuckerschoten putzen, waschen und halbieren. Brokkoli putzen, in kleine Röschen teilen und waschen. Bohnen putzen, gegebenenfalls halbieren und waschen. Frühlingszwiebeln und Schnittlauch putzen, waschen, trocken schütteln und in feine Ringe schneiden. Beiseitestellen. Räuchertofu in Würfel schneiden.

2. Öl in einem Topf erhitzen. Räuchertofu darin bei mittlerer Hitze knusprig braten. Herausnehmen und die Brühe angießen. Lorbeerblatt zugeben und aufkochen lassen. Bohnen zugeben und bei mittlerer Hitze 5 Minuten köcheln lassen. Brokkoli zugeben, aufkochen und anschließend die Zuckerschoten zugeben. Räuchertofu zugeben und mit Salz, Pfeffer und einer Prise Zucker abschmecken, erneut aufkochen.

3. Limette in Scheiben schneiden und dazu reichen. Suppe auf Teller verteilen, mit Frühlingszwiebeln und Schnittlauch bestreut servieren.

Pro Portion: 17 g E, 13 g Kh, 12 g F

25 Minuten
100 kcal pro Portion

Gemüsecremesuppe

Für 4 Portionen:
100 g Möhre
100 g Lauch
100 g Sellerie
100 g Kartoffel
100 g Zwiobel
2 Knoblauchzehen
500 ml Brühe
Salz, Pfeffer
1 TL Raz-el-Hanout oder Curry
2–3 EL Sahne oder Crème fraîche
2–3 TL Kräuterbutter

1. Das Gemüse putzen, würfeln, in einen Topf geben und in 250 ml Brühe zum Kochen bringen. 20 Minuten köcheln lassen.

2. Restliche Brühe, Salz, Pfeffer, Ras-el-Hanout oder Curry zufügen und alles mit dem Pürierstab zu einer Creme zerkleinern.

3. Abschließend einen guten Schuss Sahne zugeben. Die Suppe in Tassen verteilen und je ein Stück Kräuterbutter in die Mitte setzen, das dort zerschmilzt.

Pro Portion: 2 g E, 7 g Kh, 6 g F

30 Minuten
230 kcal pro Portion

Zucchinisuppe mit Rosmarin und Oliven

Für 2 Portionen:

- 1 kleine Zwiebel
- 1 große Kartoffel (150 g)
- 1 kleine Zucchini (150 g)
- 1 Zweig Rosmarin
- 30 g grüne Oliven mit Mandelfüllung
- 2 EL Olivenöl
- 250 ml Gemüsebrühe
- 4 EL Schlagsahne
- Salz, Pfeffer

Pro Portion: 5 g E, 11 g Kh, 18 g F

1. Zwiebel pellen und grob schneiden, Kartoffeln schälen und würfeln. Zucchini waschen und ebenfalls würfeln. Den Rosmarin waschen und trocken schütteln, die Hälfte der Nadeln abzupfen und fein hacken. Die Oliven halbieren und beiseitestellen.

2. 1 EL Öl in einem Topf erhitzen und die Zwiebeln einige Minuten glasig dünsten. Kartoffeln, Zucchini, den restlichen Rosmarin und Gemüsebrühe zugeben. Zugedeckt 20 Minuten garen.

3. Den Rosmarinzweig aus dem Topf entfernen, das Gemüse mit der Flüssigkeit und der Sahne in den Mixer geben und fein pürieren. Eventuell mit Salz und Pfeffer abschmecken.

4. Zucchinisuppe mit den halbierten Oliven und gehacktem Rosmarin bestreuen und mit dem restlichen Olivenöl beträufeln.

Tipp: *Für mehr Abwechslung können Sie die Zucchini durch die gleiche Menge Blumenkohl, Brokkoli, Kohlrabi oder Fenchel ersetzen. Die Garzeit ändert sich nicht.*

25 Minuten
363 kcal pro Portion

Maronensuppe

1. Zwiebel und Knoblauch schälen, halbieren, grob zerkleinern und in einem großen beschichteten Topf im Öl glasig dünsten, mit Mehl bestäuben.

2. Etwa ¾ der Maronen zugeben und 800 ml Wasser aufgießen, salzen und pfeffern, aufkochen.

3. Die Suppe mit einem Pürierstab fein pürieren. Die Sahne steif schlagen und mit den übrigen Maroni unterheben. Nochmals aufkochen und mit Essig abschmecken.

Pro Portion: 4 g E, 41 g Kh, 20 g F

Tipp: *Sie können auch Kürbis- oder Sonnenblumenkerne in einer Pfanne ohne Fett anrösten, bis sie duften, und am Ende über die Suppe streuen.*

Für 4 Portionen:

- 1 Zwiebel
- 2 Knoblauchzehen
- 1 EL Rapsöl
- 1 EL Mehl
- 400 g geschälte, vorgekochte Maronen
- Salz, Pfeffer
- 200 ml Sahne
- 2 EL Balsamico

15 Minuten
148 kcal pro Portion

Zucchinisuppe mit frischer Minze

Für 4 Portionen:
500 g Zucchini
2 Schalotten
1 Knoblauchzehe
2 EL Olivenöl
Salz, Pfeffer, Zucker
500 ml Gemüsebrühe
6 EL Minze
50 g Pecorino, gerieben

1. Zucchini waschen, halbieren und in etwa 2 cm dicke Scheiben schneiden. Schalotten und Knoblauch schälen und grob hacken.

2. Öl in einem Topf erhitzen, Gemüse darin anbraten, mit Salz, Pfeffer und einer Prise Zucker würzen. Mit der Gemüsebrühe ablöschen und für etwa 10 Minuten bei geschlossenem Deckel köcheln lassen.

3. Die Minze waschen und trocken schütteln, in feine Streifen schneiden. Die Suppe pürieren und abschmecken. In Teller geben und mit der Minze und dem Käse bestreuen.

Pro Portion: 6 g E, 4 g Kh, 11 g F

Varianten: *Wer es pikanter mag, brät eine entkernte und in feine Streifen geschnittene kleine Chilischote mit der Zucchini an. Exotischer wird die Suppe, wenn man sie mit etwas Raz-el-Hanout würzt, einer marokkanische Würzmischung, die gut mit Minze harmoniert.*

30 Min. + 25 Min.
230 kcal pro Portion

Für 4 Portionen:

500 g Steckrüben
1 Zwiebel
1 Knoblauchzehe
1 kleine Stange Lauch
2 Möhren
1 El. Rapskernöl
1 TL Kurkuma
150 g Graupen (mittel)
1½ l Gemüsebrühe
5 Stiele Blattpetersilie
6 getrocknete Tomaten
Salz, Pfeffer aus der Mühle
Spritzer heller Balsamico

Pro Portion: 7 g E, 39 g Kh, 4 g F

Graupen-Steckrüben-Suppe

1. Steckrübe schälen, waschen und in Würfel schneiden. Zwiebel und Knoblauch schälen und in feine Würfel schneiden. Lauch und Möhren putzen und waschen. Lauch in Ringe schneiden. Möhren schälen und in Scheiben schneiden.

2. Öl in einem Topf erhitzen und Zwiebeln und Knoblauch darin bei mittlerer Hitze farblos anschwitzen. Kurkuma zugeben, kurz anschwitzen und die Brühe angießen. Graupen, Steckrübenwürfel, Lauch und Möhren zugeben und bei mittlerer Hitze ca. 15 Minuten köcheln lassen.

3. Petersilie waschen, trocken schütteln, die Blätter abzupfen und in Streifen schneiden. Tomaten in sehr feine Streifen schneiden. Suppe mit Salz, Pfeffer und Essig würzen und ca. 10 Minuten bei mittlerer Hitze köcheln lassen.

4. Suppe mit Salz und Pfeffer abschmecken, auf Teller anrichten und mit der Petersilie und den getrockneten Tomaten bestreuen.

40 Minuten
223 kcal pro Portion

Gerstensuppe

Für 4 Portionen:

- 1 Zwiebel
- 1 Bd. Suppengrün (Petersilie, Möhren, Sellerie, Lauch)
- ½ unbeh. Zitrone
- 1 TL Kreuzkümmel
- 2 EL Rapsöl
- 120 g Gerstengraupen
- 2 Lorbeerblätter
- Salz, Pfeffer
- 50 g süße Sahne

1. Zwiebel schälen, halbieren und klein würfeln. Petersilie abbrausen, trocken schütteln und fein hacken. Möhren und Sellerie waschen, schälen und fein würfeln. Zitronenschale abreiben.

2. Kreuzkümmel in einem beschichteten Topf in Öl andünsten, Zwiebel und Gemüsewürfel anbraten, bis sie bräunen. Graupen zugeben, mitrösten und mit 1 l Wasser ablöschen. Salz, Pfeffer, Zitronenschale und Lorbeerblätter zugeben und zugedeckt bei mittlerer Hitze 10 Minuten köcheln lassen.

3. Lauch von Wurzel und Blattenden befreien, aufschneiden, waschen und erst fein längs in Streifen schneiden, dann würfeln. Zu den Graupen geben und weitere 10 Minuten mitköcheln lassen. Sahne und Petersilie unter die Suppe ziehen. Mit Zitronensaft würzen.

Pro Portion: 5 g E, 27 g Kh, 10 g F

Tipp: *Statt Suppengrün nach 15 Minuten Garzeit 1 Packung Tiefkühlspinat zugeben.*

Tipps: *Wenn die weißen Bohnen im Schnellkochtopf zubereitet werden, brauchen sie nur 750 ml Wasser.*

Weiße Bohnen (Cannellini-Bohnen) gibt es auch als Konserve. Für unser Rezept benötigen Sie 500 bis 600 g Doseneinwaage.

Im Winter können die frischen Tomaten durch Tomaten aus der Dose (Parmatomaten) ersetzt werden.

95 Min. + 1 Nacht
300 kcal pro Portion

Weiße Bohnen in Gemüse-Chili

1. Die Bohnen waschen und in 1 l kaltem Wasser 10 bis 12 Stunden oder über Nacht einweichen und quellen lassen.

2. Am nächsten Tag den Rosmarinzweig abspülen, die Knoblauchzehen abziehen und grob hacken.

3. Die Bohnen, die Knoblauchzehen und den Rosmarinzweig in der Flüssigkeit aufkochen, 2 TL Gemüsebrühe zufügen und alles bei mittlerer Hitze 60 bis 90 Minuten zugedeckt garen.

4. Inzwischen das Gemüse und die Chilischoten putzen und waschen, die Frühlingszwiebeln in 2 cm lange Stücke schneiden. Die Paprikaschoten vierteln, dabei die Stiele, die weißen Kerne und die Trennwände entfernen. Die Paprikaschotenstücke in Streifen schneiden.

5. Die Tomaten obenauf kreuzweise einritzen, mit kochendem Wasser übergießen, häuten und die Stielansätze entfernen. Die Tomatenstücke grob würfeln. Die Chilischoten entstielen, halbieren, die weißen Kerne entfernen und die Hälften in dünne Streifen schneiden.

6. Das Olivenöl in einer Pfanne erhitzen und darin die Paprikastreifen und die Zwiebelstücke 3 bis 4 Minuten unter Wenden dünsten. Zimt, Chilistreifen und Tomaten zufügen, umrühren und alles unter die weißen Bohnen heben. Mit den restlichen 2 TL Gemüsebrühe, Salz und Pfeffer abschmecken.

7. Die Petersilie abbrausen, trocken schwenken und die Blätter fein hacken.

8. Zum Servieren den Eintopf in vorgewärmten tiefen Tellern anrichten, obenauf Schmant oder Crème fraîche und gehackte Petersilie geben.

Für 4 Portionen:

- 200 g getrocknete, weiße Bohnen (Cannellini-Bohnen)
- 1 Rosmarinzweig
- 2 Knoblauchzehen
- 1 l Wasser
- 4 TL Instant-Gemüsebrühe
- 2 Bd. Frühlingszwiebeln
- 3 Paprikaschoten
- 500 g Fleischtomaten
- 2 kleine Chilischoten
- 2 EL Olivenöl
- 1 Msp. Zimt
- Salz, Pfeffer
- 4 gehäufte TL Schmand
- 1 Bd. glatte Petersilie

Pro Portion: 14 g E, 37 g Kh, 9 g F

2

MIT FLEISCH UND FISCH

35 Minuten
399 kcal pro Portion

Rote Linsensuppe mit Rindfleisch

1. Möhren waschen, schälen und in dünne Scheiben schneiden. Die Zwiebel schälen und würfeln. 2 EL Öl in einem großen Topf erhitzen, Möhrenscheiben, Zwiebelwürfel, Tomatenmark und Curry hineingeben und so lange anschmoren, bis es beginnt anzusetzen.

2. Mit der Gemüsebrühe ablöschen und die roten Linsen dazugeben. Bedeckt ca. 15 Minuten garen, bis das Gemüse weich ist. Dann mit dem Pürierstab fein pürieren, wenn nötig, mit etwas Wasser verdünnen. Mit Sojacreme, Salz, Pfeffer und Zitronensaft abschmecken.

3. Das Rindfleisch in hauchdünne Streifen schneiden, mit einem Mix aus 1 EL Öl, 1 EL Senf und 1 EL Sojasauce marinieren und kurz vor dem Servieren in die heiße Suppe legen.

Pro Portion: 22 g E, 34 g Kh, 19 g F

Tipp: *Das Filet ist wunderbar fettarm und darf nur noch gar ziehen, nicht kochen. Bei Bundmöhren können Sie einen Teil des Grüns mitdünsten.*

Für 4 Portionen:

- 400 g Möhren
- 1 Zwiebel
- 3 EL Rapsöl
- 2 EL Tomatenmark
- 1 TL mildes Currypulver
- 1 l Gemüsebrühe
- 200 g rote Linsen
- 4 EL Sojacreme (oder Sahne)
- Salz, Pfeffer
- 1–2 EL Zitronensaft
- 150 g Rinderfilet in dünnen Scheiben
- 1 EL Senf
- 1 EL Sojasauce

15 Min. + 20 Min.
278 kcal pro Portion

Lauch-Kräuter-Suppe mit Räucherlachs

Für 4 Portionen:

- 2 Stangen Lauch
- 1 Fenchelknolle
- 4 Kartoffeln
- 1 Zwiebel
- 2 Knoblauchzehen
- 40 g Butter
- Salz, Pfeffer aus der Mühle
- 1 TL Fenchelsamen
- 1,2 l Gemüsebrühe
- 1 Bd. Petersilie
- 1 Bd. Schnittlauch
- 1 unbeh. Zitrone
- 200 g Räucherlachs
- Zucker

1. Lauch und Fenchel putzen. Fenchelgrün beiseitelegen. Fenchel halbieren. Beides in dünne Scheiben schneiden und sehr gründlich waschen. Abtropfen lassen. Kartoffeln schälen und waschen. In Würfel schneiden. Zwiebel und Knoblauch schälen und in feine Würfel schneiden.

2. Butter in einem breiten Topf schmelzen. Zwiebel, Knoblauch, Lauch und Fenchel darin bei mittlerer Hitze ca. 5 Minuten anschwitzen. Mit Salz würzen. Fenchelsamen und Kartoffelwürfel zugeben, kurz mit anschwitzen und die Brühe angießen. Bei mittlerer Hitze ca. 15 Minuten köcheln lassen.

3. In der Zwischenzeit Petersilie und Schnittlauch waschen, trocken schütteln und die Blätter der Petersilie abzupfen. Kräuter fein schneiden. Zitrone gründlich waschen und trocken reiben. Schale abreiben und Saft auspressen.

4. Räucherlachs in Streifen schneiden. Suppe mit Salz, Pfeffer, Zitronensaft und einer Prise Zucker abschmecken. Kräuter in die Suppe geben. Suppe in Tellern anrichten. Mit Räucherlachs und Zitronenschale bestreuen und sofort servieren.

Pro Portion: 16 g E, 18 g Kh, 15 g F

55 Minuten
380 kcal pro Portion

Fisch-Suppentopf

Für 4 Portionen:

- 500 g Fischfilet (z. B. Seelachs oder Rotbarsch)
- 125 g Vollkornreis
- 1 l Gemüsebrühe
- 2 Zwiebeln
- 500 g Möhren
- 1 Fenchelknolle
- 1 Knoblauchzehe
- 50 g Butter oder Margarine
- ½–1 TL Curry
- 400 g Äpfel
- 1 EL Mehl
- 1 Prise Zimt
- 1–2 EL Zitronensaft

1. Den Fisch abspülen, trocken tupfen, in große Stücke schneiden. Zugedeckt beiseitestellen.

2. Den Reis und 250 ml Gemüsebrühe in einem Topf 10 Minuten köcheln lassen. Den Topf verschließen und den Reis bei geringer Hitze zugedeckt etwa 20 Minuten quellen lassen.

3. Die Zwiebeln abziehen, vierteln oder achteln. Möhren und Fenchel putzen und waschen. Vom Fenchel das zarte Grün abschneiden und beiseitelegen. Möhren in Scheiben schneiden, Fenchelknolle halbieren und dann ebenfalls in Streifen schneiden. Die Knoblauchzehe schälen und zerdrücken.

4. 40 g Fett in einem Topf erhitzen, Zwiebelstücke darin glasig werden lassen, zerdrückten Knoblauch und Curry einrühren. Möhren und Fenchel zufügen und etwa 6 Minuten zugedeckt dünsten.

5. Die Äpfel schälen, vierteln, das Kerngehäuse entfernen. Die Apfelstücke mit 750 ml Gemüsebrühe zum Gemüse geben. 3 Minuten köcheln lassen.

6. Restliches Fett mit dem Mehl verkneten, in die Brühe geben und leicht binden. 2 Minuten köcheln lassen. Mit dem Zimt abschmecken.

7. Die Fischstücke leicht mit Zitronensaft beträufeln und in die Suppe geben. Etwa 3 bis 4 Minuten ziehen lassen.

8. Den ausgequollenen Reis als Einlage vorsichtig unter die Suppe heben. Mit dem grob geschnittenen Fenchelgrün bestreuen.

Pro Portion: 27 g E, 26 g Kh, 19 g F

Tipps: *Die 500 g Fischfilet können aus mehreren Sorten bestehen. Zarte Fischsorten wie Scholle oder Seezunge sollten zum Schluss in den Eintopf gegeben werden.*

Etwas Abwechslung im Geschmack bringen eine Prise Kurkuma und einige zerdrückte Korianderkörner sowie frische Korianderblätter.

Statt Fenchelknollen können Sie auch Paprikaschoten verwenden.

45 Minuten
219 kcal pro Portion

Gemüsesuppe mit Fisch

Für 4 Portionen:

- 1 Zucchini
- 1 Fenchelknolle
- 2 Tomaten
- 1 große Gemüsezwiebel
- 2 Knoblauchzehen
- ½ TL Fenchelsamen
- 1 EL Rapsöl
- 1 Zweig Thymian
- 200 ml trockener Weißwein
- Salz, Pfeffer, Muskat
- 500 g Fischfilet (gemischt von Seelachs, Kabeljau, Dorsch)
- 1 Bd. Basilikum

1. Zucchini, Fenchel und Tomaten waschen, putzen und in mundgerechte Stücke schneiden. Fenchelgrün fein hacken und beiseitelegen. Zwiebel schälen, halbieren und in Ringe schneiden. Knoblauch schälen, fein hacken und zusammen mit den Zwiebelringen und den Fenchelsamen in einem großen Topf mit Öl andünsten.

2. Fenchel und Thymian hinzugeben und für 2 Minuten mitdünsten. Mit dem Weißwein ablöschen und mit 650 ml Wasser auffüllen. Das Ganze für 3 bis 4 Minuten kochen lassen. Zucchini- und Tomatenstücke hinzugeben und alles kräftig mit Salz, Pfeffer und Muskat würzen. Etwa 8 Minuten bei kleiner Hitze zugedeckt köcheln lassen.

3. Fischfilets in mundgerechte Stücke schneiden, salzen und pfeffern. In die Suppe legen und den Topf vom Herd ziehen, 5 Minuten ziehen lassen.

4. Basilikum waschen und die Blätter abzupfen, in Streifen schneiden. Suppe mit Salz und Pfeffer abschmecken und mit Basilikum und Fenchelgrün anrichten.

Pro Portion: 27 g E, 8 g Kh, 5 g F

Variante: *Statt Basilikum können Sie die Suppe mit 2 EL grünem Pesto würzen.*

20 Minuten
50 kcal pro Portion

Grüne Zucchinicreme mit Schinken

Für 4 Portionen:

3–4 mittlere Zucchini (etwa 600 g)
2 Schalotten (oder 1 Zwiebel)
2 EL Olivenöl
1–2 Knoblauchzehen
1 Prise Natron (Backsoda)
1 l Brühe (auch Instant)
30 g geräucherter Schinken

1. Zucchini waschen, vierteln und quer in kleine Würfel schneiden. Schalotten sehr klein schneiden, in 1 EL Olivenöl bei niedriger Hitze farblos andünsten. Knoblauchzehen häuten, hacken und hinzufügen. Alles mit den Zucchiniwürfeln unter Rühren 2 bis 3 Minuten ohne Bräunen andünsten.

2. Mit einer Prise Natron und 750 ml Brühe kurz aufkochen, auf niedrigster Stufe mit Deckel etwa 10 Minuten köcheln lassen, dann pürieren und mit dem Rest der Brühe noch einmal aufkochen. In Tellern oder Schalen servieren, zuvor jeweils klein geschnittenen Schinken und Olivenöl darübergeben.

Pro Portion: 5 g E, 8 g Kh, 9 g F

Info: *Natron lässt das Gemüse schön hellgrün bleiben.*

Varianten: *Statt frischem Grünkohl können Sie auch 450 g tiefgefrorenen verwenden.*

Statt Gänsebrust können Sie auch geräucherte Entenbrust verwenden. Schlankheitsbewusste können die fette Außenhaut der geräucherten Gänse- oder Entenbrust entfernen.

35 Minuten
328 kcal pro Portion

Grünkohlsuppe mit Gänsebrust

1. In einem großen Topf 3 l Wasser und Salz aufkochen lassen. Den Grünkohl gründlich waschen, die Blätter von den Rippen zupfen und in Salzwasser blanchieren, das heißt, portionsweise hineingeben, 3 Minuten darin ziehen lassen, mit dem Schaumlöffel herausnehmen, in eiskaltes Wasser geben, gut abtropfen lassen und die Blätter fein schneiden.

2. Die Zwiebeln abziehen und fein würfeln. Die Margarine in einem Topf erhitzen, die Zwiebelwürfel darin glasig werden lassen. Den geschnittenen Grünkohl zufügen, unter Wenden zusammenfallen lassen, mit Brühe aufgießen und 10 bis 15 Minuten zugedeckt garen.

3. Inzwischen die Kartoffeln schälen, auf einer Rohkostreibe fein reiben und zum Grünkohl geben. Einmal aufkochen lassen.

4. Die Schlagsahne in die Suppe rühren, mit Salz, Pfeffer und Honig abschmecken.

5. Die Gänsebrust in feine Streifen schneiden und portionsweise in die Suppe geben.

Für 4 Portionen:

Salz
600 g Grünkohl
2 große Zwiebeln
4 EL Margarine
1 l Gemüsebrühe
2 Kartoffeln (200 g)
100 ml Schlagsahne
Salz, Pfeffer aus der Mühle
1 TL Honig
200 g geräucherte Gänsebrust

Pro Portion: 22 g E, 14 g Kh, 21 g F

30 Minuten
245 kcal pro Portion

Avocadosuppe mit Chili und Garnelen

Für 4 Portionen:

- 2 Avocados
- 1 Zwiebel
- 2 Knoblauchzehen
- 3 EL Olivenöl
- Saft von einer ½ Zitrone
- 750 ml Gemüse- oder Geflügelbrühe
- Salz, Pfeffer aus der Mühle
- Zucker
- 50 ml Milch (1,5 % Fett)
- 2 Tomaten
- 2 Stiele Dill
- 8–12 küchenfertige Garnelen
- Chiliflocken

1. Avocados halbieren, Kerne entfernen, Fruchtfleisch aus der Schale lösen und in Würfel schneiden. Zwiebel und Knoblauch schälen und in feine Würfel schneiden.

2. 1 EL Olivenöl in einem Topf erhitzen. Zwiebel und Knoblauch hineingeben und bei mittlerer Hitze kurz anbraten. Zitronensaft und Brühe angießen und bei mittlerer Hitze aufkochen. Avocadofleisch zufügen und mit Salz, Pfeffer und einer Prise Zucker würzen. Milch angießen und mit dem Pürierstab fein pürieren. Suppe bei niedriger Hitze auf dem Herd warm halten.

3. Tomaten putzen, waschen, vierteln, Kerne entfernen. Tomatenfilets in dünne Streifen schneiden. Dill waschen, trocken schütteln und grob abzupfen. Garnelen waschen und auf Küchenpapier abtropfen lassen.

4. Übriges Öl in einer Pfanne erhitzen. Garnelen darin von beiden Seiten ca. 3 Minuten bei mittlerer Hitze anbraten. Mit Salz und Pfeffer würzen. Suppe mit Salz und Pfeffer abschmecken und kurz mit dem Pürierstab aufschäumen.

5. Suppe mit den Garnelen und den Tomatenstreifen anrichten, mit Dill und Chiliflocken bestreuen und servieren.

Pro Portion: 10 g E, 7 g Kh, 19 g F

20 Minuten
508 kcal pro Portion

Artischockencremesuppe mit Serrano

1. In einem Topf 2 EL Butter erhitzen. Zwiebel und Sellerie in feine Ringe schneiden und glasig anschwitzen.

2. Inzwischen die Kartoffeln schälen und in kleine Würfel schneiden. Artischocken in ein Sieb geben, abtropfen lassen und klein schneiden. Beides zum Gemüse in den Topf geben. Mit der Brühe auffüllen, pfeffern und je nach Geschmack salzen. In etwa 15 Minuten gar kochen.

3. Währenddessen das Eigelb mit der restlichen Butter vermischen und den Serrano in feine Streifen schneiden.

4. Die Suppe mit dem Stabmixer ganz fein pürieren und noch mal abschmecken. Die Eigelb-Butter-Mischung mit einem Schneebesen zügig unter die Suppe arbeiten. Zum Servieren in Teller geben, Parmesan und Serrano-Streifen darüberstreuen.

Für 4 Portionen:

- 3 EL Butter
- 1 Zwiebel
- 1 Stange Staudensellerie
- 350 g Kartoffeln
- 400 g eingelegte Artischocken
- 1 l Hühnorbrühe
- Salz, Pfeffer
- 1 Eigelb
- 100 g Serrano-Schinken
- 100 g Parmesan, gerieben

Pro Portion: 19 g E, 15 g Kh, 40 g F

25 Min. + 2 Std.
271 kcal pro Portion

Rinderbrühe mit Markklößchen

Für 4 Portionen:

- 1 kg Rinderknochen (mit ca. 60 g Rindermark)
- 1 Bd. Suppengrün
- 1 Zwiebel
- 2 TL Salz
- 2 Eier
- 1 EL gehackte Petersilie
- 80 g Semmelbrösel
- Salz, Pfeffer, Muskatnuss

1. Mit einem Löffel das Mark aus den Knochen entfernen, klein schneiden, in einer beschichteten Pfanne auslassen und durch ein Sieb gießen, kalt stellen.

2. Möhren und Sellerie waschen, Lauch von Wurzel und Blattenden befreien, aufschneiden und waschen. Alles grob zerkleinern und in einem Topf mit 1,5 l Wasser, der ungeschälten Zwiebel, den Knochen und Salz 2 Stunden köcheln lassen.

3. Erstarrtes Mark und Eier schaumig schlagen, Petersilie und Semmelbrösel zugeben, bis ein fester Teig entsteht. Mit Salz, Pfeffer und Muskat würzen. Mit feuchten Händen walnussgroße Klößchen formen.

4. Brühe durch ein Sieb gießen und leicht zum Köcheln bringen. Klößchen hineingeben und 10 Minuten ziehen lassen, bis sie oben schwimmen.

Pro Portion: 8 g E, 19 g Kh, 18 g F

Varianten: *Raspeln Sie mit den Klößchen eine Möhre in die Suppe, kochen Sie die Suppennudeln mit und geben am Ende Petersilie dazu.*

Tipp: *Neben den Knochen eignen sich alle sonst nicht verwertbaren Teile zur Brühe: Haut, Innereien, Sehnen und Füße. Fragen Sie Ihren Metzger!*

40 Min. + 50 Min.
300 kcal pro Portion

Möhrentopf mit Hackbällchen

1. Das Gemüse waschen und schälen. Den Lauch putzen (das grobe Grün und die Wurzel abschneiden) und in dünne Ringe schneiden, die Möhren und Kartoffeln in mundgerechte Stücke. Die Kartoffeln vorerst in kaltes Wasser legen. Die Petersilienwurzel hacken. Die Petersilie waschen und trocken schütteln, die Blätter fein hacken.

2. Für die Hackbällchen die Zwiebel schälen und würfeln. Mit dem Ei, dem Senf, Salz und Hackfleisch zu einer glatten Masse vermengen. Dann die Semmelbrösel unterkneten. Aus je 1 EL Hackmasse mit immer wieder angefeuchteten Fingern kleine Bällchen formen. Mit Rapsöl und Butter in einem Bräter oder einer hohen Pfanne auf jeder Seite 2 bis 4 Minuten knusprig anbraten.

3. Die Hackbällchen herausnehmen. In der selben Pfanne Lauch, Möhren und Petersilienwurzel mit den Kräutern scharf anrösten. Nach 4 Minuten die Kartoffeln dazugeben und 2 bis 3 Minuten mitbräunen. Nach Wunsch Brühe dazugeben, gut umrühren, kurz aufkochen und dann bei mäßiger Hitze mit schräg aufgelegtem Deckel 20 bis 25 Minuten köcheln lassen.

4. Zum Schluss die Hackbällchen 5 Minuten zu dem Gemüse geben, abschmecken und die Petersilienblätter darüberstreuen.

Pro Portion: 20 g E, 23 g Kh, 15 g F

Variante: *Anstelle von Hackbällchen gehen auch rohe Bratwürste: 3 Stück im Ganzen anbraten, dann zur Brühe geben und kurz mitgaren. Allerdings hat diese Variante weniger Röstaroma.*

Für 4 Portionen:

Gemüse

200 g Lauch

1 kg Möhren

600 g Kartoffeln, vorwiegend festkochend

1 kleine Petersilienwurzel

½ Bd. glatte Petersilie

1 Lorbeerblatt, am besten frisch

3 Stiele frischer Thymian (oder ½ TL getrockneter)

500–1000 ml Brühe (Instant)

Hackbällchen

1 mittelgroße Zwiebel

1 Ei

1 EL Senf

Salz

400 g gemischtes Hackfleisch

1–2 EL Semmelbrösel

1 EL Butter

1 EL Rapsöl

20 Minuten
205 kcal pro Portion

Lauchcremesuppe mit Garnelen

Für 4 Portionen:

- 500 g Lauch
- 30 g Butter oder Margarine
- Salz, Pfeffer aus der Mühle
- 1 gehäufter EL Mehl
- 250 g Tiefseegarnelenfleisch
- 100 g Schlagsahne
- 1 Prise geriebene Muskatnuss

Pro Portion: 11 g E, 5 g Kh, 14 g F

1. Den Lauch putzen, von den Lauchstangen jeweils die Wurzeln und das grüne Ende abschneiden, sodass nur noch die weißen und hellgrünen Teile übrig bleiben. Die Lauchstangen der Länge nach einritzen, gründlich waschen und in feine Streifen schneiden.

2. Die Hälfte des Fettes in einem Topf zerlassen, die Lauchstreifen zugeben und unter Wenden 3 Minuten garen. Mit 750 ml Wasser auffüllen und salzen.

3. Restliches Fett und Mehl zu einem Kloß verkneten, stückchenweise in die Flüssigkeit geben, darin verrühren und 4 Minuten kochen lassen.

4. Das Tiefseegarnelenfleisch zugeben, bei kleiner Hitze darin erwärmen.

5. Die Schlagsahne einrühren und die Suppe mit Pfeffer und Muskatnuss abschmecken.

Varianten: *Statt des Fett-Mehl-Kloßes können Sie eine mittelgroße gewürfelte Kartoffel mit dem Porree mitkochen. Das spart auch Kalorien.*

Anstelle von Tiefseegarnelenfleisch können Sie auch Flusskrebsfleisch, Streifen von Lachsschinken oder Käse verwenden.

20 Min. + 20 Min.
300 kcal pro Portion

Möhren-Kohlrabi-Suppe mit Schinkencroûtons

1. Möhren, Kohlrabi und Kartoffeln schälen, in Würfel (Kantenlänge etwa 1,5 cm) schneiden. Alles in einem Topf mit 1 bis 2 EL Rapsöl andünsten, es darf ruhig ein wenig bräunen. In der Brühe 30 bis 35 Minuten weich kochen.

2. Den Schinken würfeln. Den Kerbel waschen, trocken schleudern, die Blätter hacken. Laugenstange erst in Scheiben, dann in Würfel schneiden, und in einer Pfanne in 1 EL Butter 3 bis 5 Minuten knusprig braun rösten, dabei immer wieder wenden. Zum Schluss die Schinkenwürfel 1 Minute mitrösten.

3. Das gegarte weiche Gemüse mit dem Pürierstab zusammen mit Milch oder Sahne pürieren, abschmecken mit Salz, Pfeffer und eventuell einer Prise Muskat. Zum Servieren 1 bis 2 EL Schinken-Laugencroûtons sowie 1 TL Kerbel über jeden Teller Cremesuppe streuen.

Pro Portion: 1 g E, 24 g Kh, 18 g F

Für 4 Portionen:

- 500 g Möhren
- 1 Kohlrabiknolle (etwa 350 g)
- 250 g Kartoffeln, vorwiegend festkochend
- 1–2 EL Rapsöl
- 500 ml Brühe (Instant)
- 150 g Kochschinken
- ½ Bd. Kerbel (oder Petersilie)
- 1 Laugenstange, ohne Salz
- 1 EL Butter
- 300 ml Milch (oder 200 g Sahne)
- Salz, Pfeffer, Muskat

25 Min. + 20 Min.
240 kcal pro Portion

Für 4 Portionen:

1 Stange Lauch
800 g Möhren
200 g Kartoffeln, vorwiegend festkochend
2 EL Rapsöl
1 EL Butter
200 ml Orangensaft
500 ml Gemüsebrühe (Instant)
100–120 ml Milch
8 rohe Scampi (oder 400 g fester weißer Fisch)
1 Knoblauchzehe, gewürfelt
Salz, Pfeffer
2 Orangen

Möhren-Orangen-Suppe mit Scampi

1. Den Lauch von harten grünen Blättern und Wurzelansatz befreien, gründlich waschen, in Ringe schneiden. Möhren und Kartoffeln schälen, in grobe Stücke schneiden. Das Gemüse in je 1 EL Rapsöl und Butter anbraten, leicht salzen und pfeffern. Mit Orangensaft und der Brühe auffüllen, auf kleinster Stufe zugedeckt 20 bis 25 Minuten garen.

2. Die Suppe mit dem Mixstab schön cremig pürieren, Milch und – je nach gewünschter Konsistenz – Orangensaft untermischen, abschmecken, noch einmal erhitzen.

3. Scampi oder Fischfilet in Stücken von jeder Seite etwa 2 Minuten anbraten, in der letzten Minute den gewürfelten Knoblauch dazugeben. Salzen und pfeffern, auf die Suppe geben. Einen besonderen Pfiff geben frische Orangenfilets darüber: Die beiden Orangen bis auf das Fruchtfleisch schälen, die Filets mit einem scharfen Messer herausschneiden.

Pro Portion: 21 g E, 17 g Kh, 9 g F

30 Minuten
556 kcal pro Portion

Blumenkohl-Curry-Suppe mit Räucherlachs

1. Blumenkohl waschen und in kleine Röschen schneiden. Die Kartoffeln schälen, waschen und in kleine Würfel schneiden. Die Schalotte fein würfeln.

2. In einem großen Topf Olivenöl und Butter schmelzen lassen. Die Schalottenwürfel und das Currypulver darin anrösten, Blumenkohl und Kartoffeln dazugeben und mit Salz, Pfeffer und Muskat würzen. Mit Sahne und Gemüsebrühe auffüllen und 20 Minuten bei leicht geöffnetem Deckel leise köcheln lassen.

3. Den Koriander waschen, auf Küchenpapier trocken legen und grob hacken. Den Lachs in feine Streifen schneiden.

4. Wenn das Gemüse nach 20 Minuten gar ist, mit einem Stabmixer cremig pürieren und nochmals abschmecken. In Teller geben und mit Räucherlachsstreifen und Koriandergrün belegen.

Pro Portion: 17 g E, 17 g Kh, 45 g F

Für 4 Portionen:

1 mittelgroßer Blumenkohl (ca. 700 g geputzt)
350 g Kartoffeln
1 Schalotte
1 EL Olivenöl
2 EL Butter
2 TL Currypulver
Salz, Pfeffer
Muskat, frisch gerieben
400 ml Sahne
300 ml Gemüsebrühe
3 EL frischer Koriander
200 g Räucherlachs

50 Minuten
71 kcal pro Portion

Pikante Fischsuppe

Für 4 Portionen:

- 700–1000 g Fischreste (Kopf, Haut, Gräten, Flossen)
- 150 g Fischfilet (Schellfisch, Lachs) oder Krabben
- 1 unbeh. Orange
- 1 große Zwiebel
- 1 Knoblauchzehe
- 1 Lauchstange
- Salz, Pfefferkörner
- 1 Lorbeerblatt
- 1 Zweig Thymian
- 1 TL Fenchelsamen
- 1 große Dose geschälte Tomaten (400 g)
- Cayennepfeffer

Pro Portion: 9 g E, 7 g Kh, 1 g F

1. Alle Fischabschnitte und die Filets waschen. Wenn vorhanden, fleischige Stücke abtrennen, zu den Filets geben. Die Orange oberflächlich schälen, auspressen, den Saft über die Filets gießen und kalt stellen.

2. Zwiebel und Knoblauch abziehen und grob zerkleinern, Lauch von Wurzel und welken Blättern befreien, seitlich aufschneiden, unter kaltem Wasser waschen, klein schneiden.

3. Gemüse mit 1 l kaltem Wasser, den Fischkarkassen, Orangenschale und den Gewürzen in einem Topf bei milder Hitze 30 Minuten zugedeckt köcheln lassen.

4. Dann den Sud durch ein Sieb gießen, feste Bestandteile durchdrücken. Die Tomaten in der Dose zerhacken, zugeben und mit Salz, Pfeffer und Cayennepfeffer scharf abschmecken. Den Fisch und den Orangensaft zufügen und bei kleiner Hitze 5 Minuten ziehen lassen.

⌛ 25 Min. + 10 Min.
🔥 376 kcal pro Portion

Grüne Erbsencremesuppe mit Parmaschinken-Chips

1. Zwiebeln und Knoblauch schälen und fein würfeln. Butter in einem Topf erhitzen, Zwiebeln und Knoblauch darin bei mittlerer Hitze anschwitzen. 8 EL Erbsen beiseitelegen. Übrige Erbsen zu den Zwiebeln und Knoblauch geben, kurz mit anschwitzen. Mit Brühe ablöschen und aufkochen. Mit Salz und Pfeffer würzen. Zugedeckt ca. 10 Minuten bei mittlerer Hitze köcheln lassen.

2. Inzwischen eine große Pfanne mit 1 TL Öl ausstreichen. Schinkenscheiben glatt hineinlegen und von beiden Seiten knusprig braten, herausnehmen und auf Backpapier abkühlen lassen. Minze waschen, trocken schütteln, Blätter abzupfen und in feine Streifen schneiden.

3. Sahne in die Suppe geben und mit dem Pürierstab fein pürieren. Zurückbehaltene Erbsen kurz darin erwärmen. Nochmals mit Salz, Pfeffer und einer Prise Zucker abschmecken.

4. Erbsensuppe portionsweise anrichten, mit Minze bestreuen und die Parmaschinkenchips dazu reichen.

Pro Portion: 18 g E, 23 g Kh, 23 g F

Für 4 Portionen:

- 2 Zwiebeln
- 2 Knoblauchzehen
- 40 g Butter
- 2 Pckg. (à 300 g) tiefgefrorene Erbsen
- 750 ml Gemüsebrühe
- Salz, Pfeffer aus der Mühle
- 1 TL Rapsöl
- 6 Scheiben Parmaschinken
- 2 Stiele Minze
- 100 g Schlagsahne
- Zucker
- außerdem: Backpapier

75 Min. + 1 Nacht
795 kcal pro Portion

Bohneneintopf mit Speck

Für 4 Portionen:

- 300 g getrocknete weiße Bohnen
- 2 Zwiebeln
- 2 Knoblauchzehen
- 300 g Bauchspeck
- 1 Lorbeerblatt
- Salz, Pfeffer

1. Bohnen mit 1,5 l Wasser bedecken und über Nacht einweichen. In diesem Wasser die Bohnen zum Kochen bringen.

2. Zwiebel und Knoblauch schälen, Zwiebel in Streifen schneiden, Knoblauch grob hacken und Bauchspeck in kleine Würfel schneiden. Zusammen mit dem Lorbeerblatt in den Topf geben und 75 Minuten bei mittlerer Hitze halb offen köcheln lassen.

3. Kurz vor dem Servieren Lorbeerblatt entfernen und die Suppe mit Salz und Pfeffer abschmecken.

Pro Portion: 19 g E, 30 g Kh, 68 g F

Tipp: *Den Speck können Sie auch gegen ein Wiener Würstchen pro Portion austauschen.*

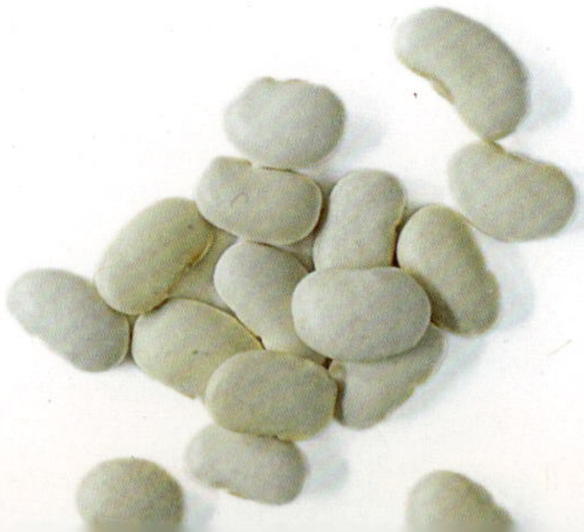

15 Min. + 30 Min.
185 kcal pro Portion

Für 4 Portionen:

500 g Fenchel
100 g helles Gemüse wie Sellerieknolle, Lauch, Zwiebeln
20 g Butter
100 g Sahne
100 ml Brühe (optional)
1 EL Olivenöl
20 g roher Schinken wie Serrano oder Pata Negra
Salz, Pfeffer

Fenchelcreme mit Schinken

1. Den Fenchel waschen, das harte Äußere entfernen (Sparschäler). Die Knolle längs halbieren, Strunk entfernen, quer in dünne Streifen schneiden.

2. Nehmen Sie an hellem Gemüse, was der Kühlschrank gerade bietet. Alles in kleine Stücke schneiden, mit 20 g Butter etwa 5 Minuten andünsten, dann mit dem Fenchel zugedeckt bei niedriger Hitze 10 bis 15 Minuten köcheln lassen. Dabei immer wieder rühren, es soll nicht bräunen.

3. 750 ml Wasser und die Sahne zugießen, eventuell auch etwas Brühe. 15 bis 20 Minuten kochen, bis alle Gemüse ganz weich sind. Die Suppe pürieren, abschmecken (Salz, Pfeffer). Zum Servieren je etwas Olivenöl und feingehackten rohen Schinken darübergeben.

Pro Portion: 5 g E, 5 g Kh, 17 g F

Tipp: *Nach diesem Prinzip mit etwa 20 Prozent anderem Gemüse kombiniert, schmeckt auch Blumenkohlsuppe interessanter. Wichtig: Den Blumenkohl sehr klein schneiden.*

30 Minuten
618 kcal pro Portion

Kürbissuppe mit Chorizo und Parmesan

Für 4 Portionen:

- 1 kleiner Hokkaido-Kürbis (ca. 1 kg)
- 2 Schalotten
- 1 Knoblauchzehe
- 2 EL Olivenöl
- 2 Lorbeerblätter
- Salz, Pfeffer, Zucker
- 200 ml Weißwein
- 400 ml Gemüsebrühe
- 200 ml Sahne
- 100 g Parmesan
- 200 g Chorizo (Paprikasalami)
- Kürbiskernöl

1. Den Kürbis waschen, vierteln und mit einem Löffel entkernen. Kürbis, Schalotten und Knoblauchzehe schälen und klein schneiden.

2. Öl in einem Topf erhitzen, das Gemüse und die Lorbeerblätter darin anrösten. Mit Salz, Pfeffer und einer Prise Zucker würzen. Mit Weißwein ablöschen, etwa 2 Minuten kochen lassen. Mit Brühe und Sahne auffüllen und bei leicht geöffnetem Deckel 15 bis 20 Minuten köcheln lassen.

3. Den Parmesan reiben und die Chorizo in dünne Streifen schneiden. Wenn der Kürbis gar ist, mit dem Stabmixer fein pürieren, nochmals abschmecken. In Teller geben und mit je 1 TL Kürbiskernöl sowie Parmesan und Chorizostreifen bestreuen.

Pro Portion: 18 g E, 11 g Kh, 53 g F

Variante: *Kürbispüree passt hervorragend zu kurz gebratenem Fleisch. Den Kürbis in etwas Brühe weich kochen, mit Salz und Pfeffer würzen, 1 EL Butter dazugeben und cremig mixen. Nach Bedarf noch etwas Milch hinzufügen.*

10 Min. + 25 Min.
529 kcal pro Portion

Süßkartoffel-Möhren-Suppe mit gebratenem Schweinefilet

1. Süßkartoffeln schälen, waschen und fein würfeln. 5 EL Süßkartoffeln beiseitelegen. Möhren schälen und waschen. 1 bis 2 Möhren in schräge Scheiben schneiden. Übrige Möhren fein würfeln. Chili längs einschneiden, entkernen, waschen und in feine Ringe schneiden. Etwas zum Garnieren beiseitelegen. Zwiebel, Knoblauch und Ingwer schälen und in feine Würfel schneiden.

2. 1 EL Öl in einem großen breiten Topf erhitzen. Möhren, Süßkartoffeln, Zwiebel, Knoblauch, Ingwer und die Hälfte der Chilis darin anschwitzen. Currypulver zugeben und kurz mit anschwitzen. Kokosmilch und Brühe angießen, bei mittlerer Hitze aufkochen. Gelegentlich rühren. Zugedeckt bei mittlerer Hitze ca. 20 Minuten köcheln lassen.

3. Koriander waschen, trocken schütteln, Blättchen abzupfen. Schweinefilet in dünne Streifen schneiden. Die Suppe mit dem Pürierstab fein pürieren und mit Salz, Pfeffer und Limettensaft abschmecken.

4. Übriges Öl in einer Pfanne erhitzen. Süßkartoffelwürfel und Möhrenscheiben darin ca. 5 Minuten bei mittlerer Hitze anbraten. Schweinefiletstreifen zugeben und goldbraun anbraten. Mit Salz und Pfeffer abschmecken und in die Suppe geben. Suppe mit Korianderblättern und übrigem Chili anrichten und servieren.

Pro Portion: 22 g E, 47 g Kh, 27 g F

Für 4 Portionen:

- 600 g Süßkartoffeln
- 500 g Möhren
- 1–2 kleine rote Chilischoten
- 1 Zwiebel
- 1 Knoblauchzehe
- 1 kleines Stück Ingwer
- 3 EL Rapsöl
- 1 EL Currypulver
- 400 ml Kokosmilch
- 750 ml Gemüsebrühe
- 4 Stiele Koriander
- 300 g Schweinefilet
- Salz, Pfeffer aus der Mühle
- Limettensaft

3

SUPPEN AUS ALLER WELT

25 Min. + 40 Min.
449 kcal pro Portion

Exotische Hühnersuppe

1. Zwiebel mit Schale halbieren, Möhre waschen, in grobe Stücke teilen, Knoblauch schälen.

2. Zwiebel in einem großen Topf auf der Schnittfläche anrösten, 1,25 l Wasser mit Salz, Pul Biber, Limettenblätter, Knoblauch, Möhre und gewaschenes Huhn zugeben, zugedeckt 40 Minuten (Suppenhuhn 1,5 Stunden) leicht kochen lassen.

3. Spinat waschen, Stiele abzupfen. Nur große Blätter grob zerschneiden, zarten Sommerspinat ganz lassen.

4. Brühe durch ein Sieb gießen. Haut vom Huhn abziehen. Beine und Flügel abtrennen, Fleisch von den Knochen lösen. Brust längs am Brustbein teilen, Fleisch im Ganzen auslösen, alles klein schneiden.

5. Kokosmilch und Spinat in die Brühe geben, erhitzen, bis der Spinat zusammengefallen ist, und abschmecken. Dann Hühnerfleisch zugeben.

Info: *Pul Biber (türkischer Blättchenpaprika) ist eine Würzmischung aus Paprika, Chili, Pflanzenöl, Gewürzextrakten und Salz. Sie wird vor allem in der türkischen Küche verwendet, ist nicht so scharf wie Chili und leicht süßlich.*

Für 4 Portionen:

- 1 Zwiebel
- 1 Möhre
- 1 Knoblauchzehe
- Salz
- 1 Messerspitze Pul Biber
- 4–5 Limettenblätter (Asialaden)
- 1 Hähnchen oder Suppenhuhn (ca. 1 kg)
- 1 kleine Dose Kokosmilch (200 ml)
- 500 g frischer Blattspinat

Pro Portion: 52 g E, 5 g Kh, 25 g F

40 Min. + 45 Min.
418 kcal pro Portion

Bouillabaisse mit Rouille

1. Möhren schälen, putzen und 2 Möhren in Scheiben schneiden. Schalotten und 2 Knoblauchzehen schälen und in Scheiben schneiden. Tomate waschen, putzen und vierteln.

2. Fischgräten gründlich waschen und in einem Topf mit 1,5 l kaltem Wasser langsam aufkochen. Vorbereitetes Gemüse, Knoblauch, Lorbeer und Sternanis dazugeben und mit Salz würzen. 45 Minuten bei mittlerer Hitze köcheln lassen und dabei immer wieder den entstehenden Schaum abschöpfen.

3. In der Zwischenzeit Fenchel putzen, waschen, halbieren und in dünne Scheiben schneiden. Übrige Möhren in Scheiben schneiden. Kirschtomaten waschen und halbieren.

4. Fisch waschen, trocken tupfen. Seeteufel und Kabeljau in ca. 1 cm dicke Scheiben schneiden. Rotbarbenfilet je nach Größe eventuell kleiner schneiden.

5. Fischfond durch ein feines Sieb gießen.

6. Übrige Knoblauchzehen schälen und in sehr feine Würfel schneiden. Chili waschen, putzen und in sehr feine Würfel schneiden. Eigelb und Knoblauch verquirlen. Mit Salz, Paprika und Chili würzen. 100 ml Öl tröpfchenweise einrühren. Rouille mit Salz abschmecken.

7. 1 EL Öl in einem Topf erhitzen. Vorbereitete Möhren und Fenchel dazugeben und unter Rühren ca. 5 Minuten anschwitzen. Passierten Fischfond angießen und aufkochen. Safran, Tomaten und Fisch dazugeben und bei schwacher Hitze ca. 5 Minuten darin gar ziehen lassen. Mit Salz und Pfeffer abschmecken.

8. Baguettescheiben toasten. Bouillabaisse mit Rouille und geröstetem Baguette servieren.

Für 6 Portionen:

3 Möhren
2 Schalotten
4 Knoblauchzehen
2 Tomaten
1 kg Fischgräten
1 Lorbeerblatt
2 Sternanis
Salz, Pfeffer aus der Mühle
2 Fenchel
250 g Kirschtomaten
je 300 g Seeteufelfilet, Kabeljaufilet, Rotbarbenfilet
2 Chilischoten
2 Eigelb (Gr. M)
Paprikapulver
100 ml + 1 EL Olivenöl
2 Döschen Safranfäden
12 dünne Baguettescheiben

Pro Portion: 33 g E, 17 g Kh, 23 g F

15 Min. + 15 Min.
190 kcal pro Portion

Für 4 Portionen:

300 g Kartoffeln
2 kleine Zwiebeln
1–2 EL Olivenöl
2 kleine Selleriestangen
100 g rote Linsen
1 Dose Safran (oder 1 TL Kurkuma)
¼ TL Zimt
½ TL Kreuzkümmel
1 Prise Zucker
Salz
Chilipulver
1–2 EL Orangen- oder Zitronensaft (optional)

Harira mit Safran und Chili

1. Kartoffeln schälen und in kleine Stücke schneiden (1,5 cm × 1,5 cm), die Zwiebeln sehr fein schneiden. Beides in einem Topf mit Öl etwa 5 Minuten andünsten, dabei auch salzen.

2. Selleriestangen kappen, einmal der Länge nach aufschneiden und dann quer teilen, sodass sie gut in den Topf passen. Mit den Linsen zum Gemüse geben und rund 750 ml Wasser dazugeben, sodass alles gut bedeckt ist. Gewürze – bis auf das Chilipulver – hinzufügen und etwa 15 Minuten bei niedriger Hitze mit Deckel köcheln lassen.

3. Die Selleriestangen herausfischen. Eventuell nachsalzen, Chili für Schärfe dazugeben, nach Belieben auch Orangen- oder Zitronensaft für leichte Säure.

Pro Portion: 8 g E, 22 g Kh, 6 g F

Tipps: *Rote Linsen werden beim Kochen sehr schnell weich. Sie sind unerlässlicher Bestandteil dieser Suppe, man kann auch etwas mehr nehmen, dann wird das Ganze dickflüssiger. Die Kartoffeln kann man auch weglassen und durch Saubohnen ersetzen.*

1 Ltr.
1000 ccm
900
800
700
600
500
400
300
200
3/4
1/2
1/4

30 Minuten
266 kcal pro Portion

Gazpacho

1. Tomaten waschen, Stielansatz entfernen und die Früchte in kleine Stücke schneiden. Wassermelone schälen, Kerne entfernen, Fruchtfleisch grob zerkleinern.

2. Pfefferschoten abtropfen lassen, Stiel und Kerne entfernen und in Stücke schneiden. Zwiebel und Knoblauch abziehen und sehr fein hacken. Avocado halbieren, entkernen und fein würfeln, mit dem Zitronensaft beträufeln und mit der Zwiebel und dem Knoblauch mischen.

3. Tomaten und Melone mit dem Pürierstab sehr fein mixen und aufschlagen. Dabei Olivenöl zugeben und die Suppe mit Essig, Salz und Pfeffer abschmecken.

4. Mandeln hacken, in einer beschichteten Pfanne ohne Fett rösten, dabei mit Chili bestreuen.

5. Vor dem Servieren die Suppe mit Zwiebel-Avocado-Knoblauch-Mix und Pfefferschoten vermischen. Nach Belieben mit Soja- oder Worcestersauce abschmecken und mit den Chilimandeln bestreuen.

Pro Portion: 4 g E, 18 g Kh, 19 g F

Variante: *Wenn Sie eher eine fruchtigere Schärfe mögen, geben Sie noch etwas Sambal Oelek in die Suppe. Sie können anstatt der Mandelblättchen aber auch 100 g TK-Lachsfilet unaufgetaut fein würfeln und zugeben.*

Für 4 Portionen:

- 400 g vollreife Tomaten
- 400 g reife Wassermelone
- 5 grüne Pfefferschoten (aus dem Glas)
- 1 rote Zwiebel
- 2 Knoblauchzehen
- 1 Avocado
- 4 EL Zitronensaft
- 4 EL Olivenöl
- 4 EL hellen Balsamico
- Salz, Pfeffer
- 12 Mandelkerne mit Schale
- Chilipulver
- Soja- oder Worcestersauce

30 Min. + 10 Std.
322 kcal pro Portion

Erbseneintopf mediterran

Für 4 Portionen:

250 g grüne Trockenerbsen
2 EL Raps- oder Olivenöl
2–3 EL frischer oder getrockneter Thymian
100 g Zwiebeln
2–3 Knoblauchzehen
Salz
100 g Crème fraîche

1. Die Trockenerbsen gut abspülen, über Nacht in 1 l Wasser einweichen und quellen lassen. Am nächsten Tag im Einweichwasser 70 bis 90 Minuten köcheln lassen, bis die Erbsen sehr weich sind. Falls Sie getrockneten Thymian benutzen, geben Sie ihn bereits zu Beginn der Kochzeit dazu, frischen Thymian erst 20 Minuten später.

2. Zwischendurch Zwiebeln und den Knoblauch putzen, hacken, in einer Pfanne im Öl sehr leicht anbräunen, dann zu den Erbsen geben und mitkochen lassen. Zum Schluss den Eintopf gut durchrühren und salzen.

3. Den Eintopf mit Crème fraîche und eventuell frischen Thymianblättchen servieren.

Pro Portion: 13 g E, 47 g Kh, 14 g F

Tipp: *Anstelle grüner Erbsen können Sie auch geschälte gelbe nehmen. Vorteil: Sie müssen nur 2 Stunden eingeweicht werden. Exotisch wird der Eintopf mit Kichererbsen. Die brauchen allerdings eine deutlich längere Kochzeit, bis sie weich sind. Deshalb ist hier Dosenware durchaus angebracht. In türkischen Lebensmittelläden gibt es sie in großer Auswahl. Dann sollten Sie aber nicht mit Thymian würzen, sondern Cumin und reichlich Sesampaste verwenden. Die Crème fraîche brauchen Sie dann nicht mehr.*

45 Min. + 1 Std.
458 kcal pro Portion

Marokkanische Gemüsesuppe mit Rind und Couscous

1. Zwiebeln und Knoblauch schälen und in feine Würfel schneiden. Möhren und Staudensellerie waschen und putzen, Möhren schälen und beides der Länge nach halbieren und in schräge Scheiben schneiden. Paprika putzen, Kerngehäuse entfernen und in grobe Würfel schneiden. Fleisch trocken tupfen.

2. Öl in einem breiten Topf erhitzen. Fleisch zugeben und darin rundherum dunkelbraun anbraten. Zwiebel und Knoblauch zum Schluss hineingeben und kurz mit anschwitzen. Mit Harissa, Salz und einer Prise Zucker würzen. Gemüsebrühe angießen, bei mittlerer Hitze aufkochen. Zugedeckt ca. 1 Stunde bei kleiner Hitze köcheln lassen.

3. In der Zwischenzeit Aprikosen in feine Würfel schneiden. Petersilie waschen, trocken schütteln und in Streifen schneiden.

4. 100 ml Wasser mit ½ TL Salz, 1 Prise Kurkuma und Olivenöl in einem Topf aufkochen. Couscous einrühren und ca. 5 Minuten quellen lassen.

5. Stückige Tomaten, Gemüse und Aprikosen in die Suppe geben und ca. 30 Minuten bei mittlerer Hitze köcheln lassen. Mit Salz, Pfeffer und Zitronensaft abschmecken.

6. Suppe in Schalen anrichten, mit Petersilie und Couscous bestreuen und servieren.

Pro Portion: 33 g E, 38 g Kh, 18 g F

Für 4 Portionen:

- 2 Zwiebeln
- 2 Knoblauchzehen
- 3 Möhren
- 4 Stangen Staudensellerie
- 2 grüne Paprika
- 500 g gewürfeltes Rindergulasch
- 3 EL Pflanzenöl
- ½ TL Harissa (arabische Gewürzpaste)
- Salz, Pfeffer, Zucker
- 1 l Gemüsebrühe
- 75 g getrocknete Aprikosen
- 4 Stiele Petersilie
- Kurkuma
- 1 EL Olivenöl
- 100 g Couscous
- 500 g stückige Tomaten
- 1–2 EL Zitronensaft

30 Min. + 11,5 Std.
605 kcal pro Portion

Bohnen-Tomaten-Eintopf mit Salsicce

Für 4 Portionen:

- 250 g getrocknete große weiße Bohnenkerne
- 2 Zwiebeln
- 2 Knoblauchzehen
- 4 Stiele Oregano
- 3 EL Olivenöl
- 3 EL Tomatenmark
- 2 Lorbeerblätter
- 750 g Tomaten
- 1 große Zucchini
- 250 g Kirschtomaten
- 4 Salsicce (Fenchel-Bratwürste)
- 75 g schwarze Oliven ohne Stein
- Salz, Pfeffer aus der Mühle
- Zucker
- 1–2 EL Balsamico

1. Bohnen waschen und in 1 l kaltem Wasser ca. 10 Stunden einweichen.

2. Zwiebeln und Knoblauch schälen und in feine Würfel schneiden. Oregano waschen, trocken schütteln, Blätter abzupfen und grob hacken.

3. 2 EL Olivenöl in einem Topf erhitzen. Knoblauch und Zwiebel darin anschwitzen. Tomatenmark zugeben. Bohnen mit dem Einweichwasser, Oregano und Lorbeer zufügen, aufkochen und ca. 1½ Stunden bei mittlerer Hitze köcheln lassen.

4. Tomaten kreuzweise einritzen, für ca. 15 Sekunden in kochendes Wasser geben, abgießen und mit kaltem Wasser abschrecken. Die Haut abziehen. Tomaten in Würfel schneiden und sofort mit zu den Bohnen geben.

5. Zucchini putzen, waschen und in kleine Würfel schneiden. Kirschtomaten waschen und halbieren. Salsicce in Scheiben schneiden. Oliven halbieren.

6. 1 EL Öl in einer Pfanne erhitzen. Fenchelwurst und Zucchini darin ca. 4 Minuten anbraten, Oliven unterheben und herausnehmen. Suppe mit Salz, Pfeffer, einer Prise Zucker und Essig abschmecken.

7. Zucchini, Wurstscheiben, Oliven und Kirschtomaten ca. 5 Minuten vor Ende der Garzeit zur Suppe geben. Suppe mit Pfeffer bestreuen und servieren.

Pro Portion: 32 g E, 34 g Kh, 36 g F

20 Min. + 10 Min.
230 kcal pro Portion

Arabische Bohnensuppe

1. Zwiebeln schälen und in Ringe schneiden, Knoblauch hacken, beides in Öl glasig dünsten.

2. Grüne Bohnen und getrocknete Tomaten in kleine Stücke schneiden, dazugeben, mit 500 ml Brühe aufgießen und einige Minuten kochen lassen. Rote und weiße Bohnen mit Aufgussflüssigkeit dazugeben, etwa 10 Minuten mitkochen lassen. Mit Kreuzkümmel, Salz und eventuell Chiliflocken würzen.

Pro Portion: 13 g E, 32 g Kh, 5 g F

Info: *Auch wenn Sie in älteren Kochbüchern anderes lesen: Gießen Sie das Einweich- und Kochwasser nicht ab. Die schaumbildenden Saponine helfen, den Cholesterinspiegel zu senken und das Immunsystem zu stimulieren. Wahrscheinlich schützen sie auch vor Dickdarmkrebs.*

Für 4 Portionen:

- 2 Zwiebeln
- 2 Knoblauchzehen
- 1 EL Rapsöl
- 500 g grüne Bohnen, auch tiefgefroren
- 4 getrocknete Tomaten
- 500 ml Brühe (oder Wasser)
- 1 kleine Dose Kidneybohnen (400 g)
- 1 große Dose weiße Bohnen (800 g)
- 1 gestrichener TL Kreuzkümmel
- Salz
- Chiliflocken

⌛ 35 Minuten
⚖ 200 kcal pro Portion

Mediterrane Kürbissuppe mit grünem Püree

Für 4 Portionen:
Blätter von 1 großen Bd. Radieschen
300 g Kartoffeln
250 g Hokkaido (oder Butternutkürbis)
1 mittlere Zwiebel
½ Lauchstange, weißer Teil
2 mittlere Zucchini
40 g Butter
Muskat gerieben
1 Prise Natron
2 Knoblauchzehen
100 ml Milch
Salz, Pfeffer

1. Radieschenblätter (ohne Stiele) waschen und trocken schütteln. Schlaffe Blätter vorher mindestens 15 Minuten ins kalte Wasser legen, bis sie wieder prall sind. Den Hokkaido eventuell dünn schälen (Sparschäler), in kleine Stücke schneiden, ebenso die Zwiebel und den gründlich gewaschenen Lauch. Zucchini waschen, dünn schälen (Schalen aufbewahren) und würfeln.

2. Kürbis, Lauch, Zucchini und Zwiebel in der Hälfte der Butter anschwitzen, 500 ml Wasser zugießen, abgedeckt köcheln lassen, bis die Gemüse weich sind. Pürieren und abschmecken (Salz, Muskat).

3. Den größten Teil der Radieschenblätter fein hacken, mit den Zucchinischalen und 1 Prise Natron in der restlichen Butter andünsten, salzen, eventuell etwas Wasser zugeben, Knoblauch hineinpressen. Mit den Kartoffelstücken, 100 ml Milch und 400 ml Wasser weich köcheln und pürieren. Abschmecken mit Salz und Pfeffer.

4. Zuerst die Kürbissuppe in die Teller geben, dann den grünen Anteil. Mit der Gabel etwas auf der Oberfläche verteilen. Restliche Radieschenblätter in feine Streifen schneiden und darüberstreuen. Immer gut: etwas Olivenöl über die Suppe geben.

Pro Portion: 5 g E, 20 g Kh, 9 g F

Tipps: *Ältere Hokkaido-Exemplare bleiben beim Pürieren manchmal etwas körnig. Das kann man vermeiden, in dem man den Kürbis dünn schält – viel Mühe macht das nicht.*

Auch Kerbel statt Radieschengrün geht gut fürs Püree: Die Blätter von einem großen Bund zu zwei Drittel mitpürieren, ein Drittel aufbewahren und auf die fertige Suppe streuen.

25 Minuten
138 kcal pro Portion

Kleiner Borschtsch

Für 4 Portionen:

- 1 Bd. Suppengrün (2 Möhren, 1 Petersilienwurzel, 1 Stk. Knollensellerie, 1 kleine Stange Lauch)
- 2 EL Pflanzenöl
- 1 Knoblauchzehe
- 400 g Rote-Bete-Knollen mit Blättern
- 1 Lorbeerblatt
- 1 l Gemüsebrühe
- 1–2 EL Balsamico (dunkel)
- Salz
- 1–2 TL Honig oder Fruchtgelee (z. B. von Johannisbeere)
- 200 g Crème fraîche

Pro Portion: 2 g E, 6 g Kh, 11 g F

1. Das Suppengrün putzen und waschen. Die Möhre, Petersilienwurzel und Sellerieknolle schälen und in dünne Streifen schneiden. Die Lauchstange längs halbieren und in dünne Streifchen schneiden.

2. Die Roten Bete gründlich waschen, die Blätter abschneiden, die Knollen schälen und in feine Streifen schneiden. Die groben Blattrippen entfernen, die zarten Blätter ebenfalls fein schneiden. Knoblauch abziehen und zerdrücken.

3. Das Öl in einem großen Topf erhitzen, das Suppengrün zugeben, bei kleiner Hitze unter Wenden andünsten, Rote-Bete-Streifen, Knoblauch und Lorbeerblatt zufügen und 5 Minuten zugedeckt garen. Die Gemüsebrühe nach und nach zugießen und alles aufkochen lassen. Die Rote-Bete- Blätter unterheben. Das Lorbeerblatt entfernen.

4. Die Suppe mit Balsamico, Salz, Honig oder Fruchtgelee abschmecken und Crème fraîche obenauf geben.

Tipp: *Wenn Sie die Sellerieknolle reiben statt schneiden, verliert sich der strenge Selleriegeschmack. Asiatisch wird es, wenn Sie Ingwer und gemahlenen Koriander zugeben und auf Crème fraîche verzichten.*

30 Minuten
300 kcal pro Portion

Für 4 Portionen:
2 Möhren (150 g)
2 EL Pflanzenöl
120 g Zwiebeln, gewürfelt
2 Knoblauchzehen, gewürfelt
200 g rote Linsen
1250 ml Wasser
5 TL Instant-Gemüsebrühe
½ feste Mango (etwa 150 g)
1 kleine Banane (100 g)
1 TL Erdnussöl
1–2 TL Curry (Indischer Curry)
1 TL Zitronensaft
Salz, Pfeffer aus der Mühle

Linsensuppe asiatisch

1. Die Möhren putzen, waschen, schälen und grob reiben.

2. Das Öl in einer Deckelpfanne oder einem Topf erhitzen, die Zwiebel- und Knoblauchwürfel zugeben, glasig werden lassen. Die Möhren zufügen und 5 Minuten unter Wenden dünsten. Die Linsen unterheben, mit 1250 ml Wasser auffüllen, 3 TL Gemüsebrühe zugeben und bei kleiner Hitze etwa 8 bis 10 Minuten zugedeckt köcheln lassen.

3. Die Suppe mit dem Pürierstab sehr fein zerkleinern, die restlichen 2 TL Gemüsebrühe zufügen.

4. Die Mango schälen, das Fruchtfleisch vom Stein in Streifen abschneiden; die Banane schälen, das Fruchtfleisch in Scheiben schneiden. Das Erdnussöl in einem Topf bei kleiner Hitze erhitzen, den Curry einrühren, die Mango- und Bananenstücke zufügen und alles mit dem Pürierstab zerkleinern. Die Linsensuppe zugeben, nochmals erhitzen und mit Zitronensaft, Salz und Pfeffer abschmecken.

Pro Portion: 16 g E, 35 g Kh, 8 g F

35 Minuten
313 kcal pro Portion

Bananensuppe – indisch

Für 4 Portionen:

2 Pfirsiche oder 1 Mango
3 große, nicht überreife Bananen
1 Spritzer Zitronensaft
2 mittelgroße Zwiebeln
1½ EL Butter
etwa 3 TL Curry
1 l Gemüsebrühe
100 g Crème fraîche
Salz
Tabascosauce o. Cayennepfeffer
Prise Zucker
4–5 TL Kokosflocken
3 Stiele Zitronenmelisse

1. Die Pfirsiche abspülen, halbieren und entsteinen, die Pfirsichhälften klein schneiden. Oder die Mango schälen und in Stücken vom Kern schneiden. Bananen schälen, in Stücke schneiden.

2. Die Pfirsich- oder Mangostücke zusammen mit den Bananenstücken und etwas Zitronensaft mit dem Pürierstab fein pürieren.

3. Die Zwiebel abziehen und sehr fein würfeln. Butter in einem Topf zerlassen und die Zwiebelwürfel zugedeckt glasig werden lassen. Curry einrühren. Mit der Gemüsebrühe auffüllen. Die pürierte Fruchtmasse zugeben. Gut durchrühren und erhitzen. Crème fraîche einrühren. Mit wenig Salz, Tabascosauce oder Cayennepfeffer und Zucker würzen und abschmecken.

4. Mit Kokosflocken und frischen Zitronenmelisseblättchen garniert servieren.

Pro Portion: 5 g E, 32 g Kh, 16 g F

Tipps: *Sollte die Pfirsichhaut zu dick sein, kann die Frucht kurz in kochendes Wasser getaucht und danach gehäutet werden.*

Nimmt man statt eines ganzen Liters nur ½ l Gemüsebrühe, ergibt dies eine hervorragende Sauce zu Geflügelragout oder einem vegetarischen Gericht.

4

SUPPEN-
KLASSIKER

25 Minuten
160 kcal pro Portion

Petersiliensuppe – zweifarbig

1. Die Petersilienwurzeln putzen, waschen, schälen, eventuelle Petersilienstängel entfernen. Die Wurzel in kleine Stücke schneiden.

2. Butter oder Margarine in einem Topf erhitzen, die Petersilienwurzelstücke darin unter Wenden andünsten. Mit der Gemüsebrühe auffüllen, etwa 15 Minuten kochen. Sahne einrühren und mit Muskatnuss würzen.

3. Mit dem Pürierstab alles sehr fein zerkleinern.

4. Für die grüne Petersiliensuppe etwa 500 ml Suppe mit der gehackten Petersilie pürieren.

5. Die heiße weiße Petersiliensuppe in vorgewärmte Teller geben, die grüne Suppe hineinlaufen lassen, mit einem Löffelstiel leicht verrühren. Das ergibt ein grün-weißes Marmormuster.

Tipps: *Zweifarbig angerichtete Kräuter- oder Gemüsesuppen sehen appetitlich und sehr dekorativ aus. Hier einige Kombinations-Vorschläge für Ihre nächsten Suppen: Brokkoli-Blumenkohl-Suppe, Kräuter-Kartoffel-Suppe, Tomaten-Basilikum-Suppe.*

Für 4 Portionen:

700 g Petersilienwurzeln
1 EL Butter oder Margarine
1 l Gemüsebrühe
75 g Schlagsahne
1 Prise Muskatnuss
3 Stiele Petersilie, gehackt

Pro Portion: 6 g E, 10 g Kh, 10 g F

⧗ 35 Minuten
⊞ 140 kcal pro Portion

Kartoffelsuppe mit Salbei

1. Rohe Kartoffeln schälen, in Stücke schneiden. Zwiebel und Knoblauch schälen, klein schneiden, ebenso die Selleriestangen und das Weiße einer Lauchstange.

2. Gemüse und Curry mit 1 bis 2 EL Öl einige Minuten andünsten, so können sich die Gewürze entfalten. Mit Milch und der Hälfte der Brühe 10 bis 15 Minuten kochen und danach mit dem Mixstab pürieren. Dann mit der restlichen Brühe aufkochen, kräftig mit Salz, Pfeffer, Thymian und Chiliflocken würzen.

3. Frühstücksspeck ausbraten, danach auf Küchenpapier legen (zum Fettaufsaugen), in Stücke schneiden. Salbeiblätter abstreifen, im restlichen Fett plus Butter kurz knusprig braten. Mit den Speckstückchen auf die Teller geben.

Pro Portion: 3 g E, 11 g Kh, 7 g F

Tipps: *Auch festkochende Kartoffeln sind gut geeignet. Die Selleriestangen lassen sich durch Zucchini (250 g) ersetzen.*

Für eine sättigende Mahlzeit erhöhen Sie die Mengen. Zusätzlich Knoblauchwurst in Scheiben mit 1 TL getrocknetem Thymian oder Majoran anbraten, mit Lauchringen servieren.

Für 4 Portionen:

- 500 g Kartoffeln
- 1 mittelgroße Zwiebel
- 2 Knoblauchzehen
- 3 Selleriestangen
- 1 Lauchstange
- 1–2 TL Curry
- 1–2 EL Öl
- 1 TL frische Thymianblättchen (ersatzweise ½ TL getrockneter Thymian)
- 1 l Brühe
- 250 ml Milch (ersatzweise Brühe + 50 g fettarmer Frischkäse)
- Salz, Pfeffer, Chiliflocken
- 1 EL Butter
- 3 Scheiben Frühstücksspeck
- 2 Stiele frischer Salbei

30 Minuten
365 kcal pro Portion

Erbsencremesuppe mit Garnelen

Für 4 Portionen:

2 EL Butter
1 große Schalotte
1 Knoblauchzehe
1 kleine rote Chilischote
250 g Erbsen
Salz, Pfeffer
ca. 125 ml Brühe
200 ml Sahne
1 Spritzer Zitronensaft

Garnelen

8 geschälte Garnelenschwänze
1 TL Sojasauce
1 Prise Zucker
1 unbeh. Zitrone
1 EL Speisestärke
2 EL Olivenöl
Salz, Pfeffer

1. Die Butter in einer Kasserolle aufschäumen lassen, fein gewürfelte Schalotte und Knoblauch darin andünsten. Die winzig gewürfelte, entkernte Chilischote, schließlich auch die Erbsen zufügen. Salzen, pfeffern, die Brühe angießen. Zugedeckt drei bis vier Minuten köcheln. Mit Sahne auffüllen und weitere drei Minuten ziehen lassen. Mit dem Mixstab glatt mixen. Die jetzt leuchtend grüne Cremesuppe nochmals abschmecken, mit Salz und vor allem mit Zitronensaft.

2. Die Garnelen längs halbieren, wenn nötig, den Darm entfernen. Die Hälften in einer Schüssel mit Sojasauce und Zucker sowie Zitronenschale mischen und einige Minuten marinieren.

3. Die Garnelen mit Stärke überpudern, gut damit einreiben. Jeweils vier Hälften auf einen kleinen Bambusspieß fädeln. Im Wok das Olivenöl erhitzen, die Garnelenspieße darin unter Rühren eine Minute braten, bis sie am Schwanzende rosa geworden sind und ihr Fleisch weiß schimmert. Die Garnelen dabei salzen und pfeffern.

4. Zum Servieren die Suppe nochmals erhitzen und abschmecken, mit dem Mixstab aufschäumen und in Suppentassen verteilen. Die Spießchen als Dekoration auf den Rand setzen.

Pro Portion: 13 g E, 15 g Kh, 27 g F

Tipp: *Gefrorene Garnelen zuvor in einer Schüssel mit kochendem Wasser bedecken, nach einer halben Minute durch ein Sieb abgießen und unter kaltem Wasser gründlich abbrausen. Wenn nötig die Garnelen schälen, das Schwanzende jedoch dran lassen, das sieht hübsch aus!*

30 Min. + 20 Min.
471 kcal pro Portion

Zwiebelcremesuppe mit Croûtons

Für 4 Portionen:
500 g Zwiebeln
1 Knoblauchzehe
3 EL Butter
3 EL Mehl
300 ml Milch
Salz, geriebene Muskatnuss
1 EL Senf
1 Prise Zimt
100 ml süße Sahne
Croûtons
4 altbackene Brotscheiben
3 EL Butter

1. Zwiebeln und Knoblauch abziehen, halbieren, würfeln und in einem Topf in der Butter bei kleiner Hitze 20 Minuten dünsten. Mehl zugeben, weiterrösten bis es ansetzt.

2. 300 ml Wasser angießen und die Suppe 20 Minuten bei schwacher Hitze kochen lassen, bis die Zwiebeln ganz weich sind. Milch zugeben und mit Salz, Muskatnuss, Senf und Zimt würzen.

3. Mit dem Pürierstab die Suppe pürieren und abschmecken. Sahne steif schlagen.

4. Brot entrinden, würfeln und in der Butter knusprig rösten. Suppe erhitzen, Sahne darunterziehen, mit den Brotstückchen servieren.

Pro Portion: 9 g E, 42 g Kh, 30 g F

Variante: *Wer Kalorien zählen muss, schlägt mit dem Pürierstab Milch auf und mischt den Milchschaum am Ende unter die Suppe. Fruchtig wird's mit einem geriebenen Apfel.*

⌛ 45 Min. + 90 Min.
⊡ 220 kcal pro Portion

Für 6 Portionen:
600 g Rindergulasch, klein gewürfelt
2 Zwiebeln
2 Knoblauchzehen
5 Stiele Majoran
2 EL Pflanzenöl
Salz, Pfeffer aus der Mühle
Zucker
1 TL Paprikapulver edelsüß
2 EL Tomatenmark
1 EL Mehl (Type 405)
500 ml trockener Rotwein
400 ml Rinderbrühe
500 ml Tomatensaft
3 Lorbeerblätter
2–3 rote Chilischoten
je 1 kleine rote, gelbe und grüne Paprikaschote
1–2 EL Zitronensaft

Feurige Gulaschsuppe

1. Fleisch gegebenenfalls in kleine Würfel schneiden. Zwiebeln und Knoblauch schälen und würfeln. Majoran waschen und bis auf einen Stiel für die Garnitur die Blättchen zupfen und grob hacken. Öl in einem großen breiten Topf erhitzen und Fleisch darin portionsweise bei starker Hitze kräftig anbraten.

2. Zwiebeln und Knoblauch zum Fleisch geben, kurz mitbraten. Mit Salz, Pfeffer, einer Prise Zucker und Paprikapulver würzen. Tomatenmark einrühren und kurz anrösten. Alles mit Mehl bestäuben und kurz anschwitzen. Rotwein, Brühe und Tomatensaft zugießen. Majoran und Lorbeer zufügen, aufkochen und zugedeckt ca. 1½ Stunden bei mittlerer Hitze köcheln lassen. Dabei gelegentlich umrühren.

3. Chilischoten waschen und trocken tupfen. ½ Schote in Ringe schneiden, dabei Kerne entfernen. Ringe zum Garnieren beiseitelegen. Übrige Chili und Paprika putzen, waschen und in kleine Stücke schneiden. Ca. 30 Minuten vor Ende der Garzeit zugeben und mitgaren.

4. Gulaschsuppe mit Salz, Pfeffer, einer Prise Zucker und etwas Zitronensaft abschmecken. Mit Chiliringen und Majoran garnieren.

Pro Portion: 22 g E, 8 g Kh, 9 g F

25 Min. + 50 Min.
65 kcal pro Portion

Klare Steinpilzsuppe

1. Die Steinpilze ohne Waschen in 500 ml lauwarmem Wasser einweichen, nach 20 Minuten aufkochen. Gemüse putzen und klein schneiden.

2. Steinpilze aus dem Einweichwasser fischen, klein schneiden. Das Wasser durch ein feines Sieb oder Filterpapier geben, um eventuellen Sand zu entfernen. Steinpilze mit dem Einweichwasser und 1 l Wasser in einen Topf mit dem Gemüse und einer ungeschälten halben Zwiebel geben, 40 bis 50 Minuten köcheln lassen. Nach 30 Minuten Blätter von zwei Thymianzweigen und 2 bis 3 EL Portwein dazugeben. Das Gemüse herausfischen. Die Suppe mit Salz, Pfeffer, eventuell etwas Zucker abschmecken.

3. In einer Pfanne 250 g in dünne Scheiben geschnittene Champignons anbraten, erst kurz vor dem Servieren zu der Suppe geben.

Pro Portion: 2 g E, 4 g Kh, 3 g F

Tipps: *Die köchelnde Brühe zwischendurch abschmecken. Manche Steinpilze werden mit längerem Kochen etwas bitter. Dann Kochvorgang abbrechen, 1 bis 2 Prisen Zucker dazugeben.*

Falls die feinen Trubstoffe stören, können Sie die Suppe klären: Steinpilze entfernen, Suppe abkühlen, leicht aufgeschlagenes Eiweiß hineingeben, aufkochen, Suppe durchsieben. Das Eiweiß bleibt mit den Trubstoffen zurück.

Für 4 Portionen:

- 25–40 g getrocknete Steinpilze
- 1–2 Möhren
- 1 Lauchstange
- ½ Zwiebel
- 2 Thymianzweige (ersatzweise ½ TL getrockneter Thymian)
- 2–3 EL Portwein
- Salz, Pfeffer
- 250 g Champignons, am besten braun
- 1 EL Butter

10 Min. + 10 Min.
205 kcal pro Portion

Gekochtes Wasser

Für 4 Portionen:

2 Lorbeerblätter (oder 2 TL getrockneter Salbei)
2 EL Olivenöl
4 Knoblauchzehen
4–6 dünne Scheiben Weißbrot
2 Eigelb
4 EL geriebener Parmesan
Salz, Pfeffer

1. Gut einen Liter Wasser mit Lorbeerblättern, 1 EL Öl und 1 TL Salz aufkochen, die Knoblauchzehen schälen und hineinpressen. Bei geschlossenem Deckel und kleinster Hitze mindestens 15 Minuten köcheln lassen. Das geschnittene Weißbrot toasten und in Stücke schneiden.

2. Den Topf von der Kochplatte ziehen. Lorbeerblätter oder getrocknete Kräuter entfernen. Nach und nach die beiden Eigelb unter die noch heiße, aber nicht kochende Suppe rühren – es soll nicht gerinnen. Mit Salz und Pfeffer abschmecken. Erst etwas Brot in die Teller geben, dann die Suppe. Frisch gemahlenen Parmesan unterrühren, etwas Olivenöl darübergeben.

Pro Portion: 5 g E, 21 g Kh, 6 g F

Info: *„Aïgo boulido" heißt die einstige Arme-Leute-Suppe in der Provence, „aqua cotta" in Italien, zu Deutsch „gekochtes Wasser". Kennzeichen: Wasser, Salz und Olivenöl, in dem sich die Aromen sammeln. Dieses schon schmackhafte Grundrezept kann man mit verschiedenen Zutaten, Gemüse oder Pilzen, variieren.*

20 Min. + 10 Min.
110 kcal pro Portion

Leichte Champignoncreme

Für 4 Portionen:

- 350 g Champignons
- 1 kleine Knoblauchzehe
- 1 Schalotte
- 30 g Butter
- 1 EL Mehl
- 150 ml Weißwein
- 500 ml Hühnerbrühe
- 500 ml Milch
- Salz, Pfeffer

1. Champignons trocken abbürsten, einige zur Dekoration beiseitelegen, den Rest sehr klein schneiden. Knoblauch und Schalotte schälen, klein schneiden und mit den Pilzen etwa 5 Minuten in Butter andünsten. Das Gemüse soll höchstens leicht bräunen, salzen.

2. Mehl über die Pilze stäuben, unter Rühren Wein und Brühe zugießen, abgedeckt etwa 15 Minuten köcheln lassen. Milch dazugeben, wieder zum Kochen bringen und pürieren. Mit Salz und Pfeffer abschmecken.

3. Zum Servieren die restlichen Champignons in Scheiben über die Suppe streuen, alternativ gehackte Walnüsse, am besten vorher fettfrei in der Pfanne geröstet.

Pro Portion: 5 g E, 6 g Kh, 6 g F

40 Minuten
250 kcal pro Portion

Leichte Soupe au pistou

Für 4 Portionen:

1 mittlere Zwiebel
200 g Möhren
½ Stange Lauch
3 dünne Selleriestangen, etwa 50 g
100 g grüne Bohnen
150 g Zucchini
150 g Tomaten
200 g weiße Bohnen (Dose)
2 EL Olivenöl
1 l Geflügelbrühe (auch Instant)
1 Msp. Natron
1 Topf Basilikum
1 Knoblauchzehe
2 EL Olivenöl
Parmesan, gerieben (optional)
Salz, Pfeffer

1. Zwiebeln und Möhren schälen und in kleine Stücke schneiden. Den Lauch gründlich waschen, in 1 cm dicke Ringe schneiden, die Selleriestangen in dünne Scheiben. Tomaten halbieren, die Kerne mit einem Löffel entfernen, Stielansätze herausschneiden und in sehr kleine Stücke schneiden. Weiße Bohnen nur abgießen .

2. Das Gemüse – außer Tomaten und Bohnen – mit 2 EL Öl in einen Topf geben, salzen und 15 Minuten auf niedrigster Hitze bei geschlossenem Deckel anschmoren. Gelegentlich umrühren, es soll nicht braun werden. Geflügelbrühe, grüne Bohnen, Natron und die Hälfte der Tomaten dazugeben und köcheln lassen, bis die Bohnen weich sind. Dann die weißen Bohnen dazugeben und kurz miterhitzen.

3. Für das Pistou die Basilikumblätter abspülen, trocken schütteln, fein hacken, mit der anderen Hälfte der Tomaten vermischen und den Knoblauch hineinpressen, das Olivenöl langsam hineinrühren.

4. Auf jeden Teller Suppe einen Esslöffel Pistou geben, nach Belieben geriebenen Parmesan dazu.

Pro Portion: 7 g E, 16 g Kh, 16 g F

Tipps: *Gemüse bei niedriger Hitze anzuschmoren ist Geschmacksverstärkung pur, denn das Anrösten in Fett setzt Aromen frei und lässt sie so erst richtig zur Geltung kommen.*

Sättigender wird die Suppe, wenn Sie etwa 250 g Kartoffeln oder 50 bis 100 g Hörnchennudeln dazugeben und – je nach Geschmack – mehr Gemüse.

35 Min. + 25 Min.
282 kcal pro Portion

Spargelcremesuppe mit Zuckerschoten

1. Spargel waschen, schälen und die holzigen Enden abschneiden. Zitrone waschen, 3 Scheiben abschneiden. Übrige Zitrone auspressen. Spargelschalen und -abschnitte mit Zitronenscheiben in einen Topf mit 1 l Wasser geben. Mit Salz und einer Prise Zucker würzen und bei mittlerer Hitze langsam aufkochen lassen. Herd ausschalten und ca. 15 Minuten ziehen lassen.

2. Spargelfond durchsieben. Zuckerschoten putzen, waschen und in feine Streifen schneiden. Spargelköpfe großzügig abschneiden, sehr dicke Köpfe halbieren, beiseitelegen. Spargelfond aufkochen. Spargel in schräge Stücke schneiden und darin ca. 3 Minuten blanchieren, herausheben.

3. Butter in einem Topf erhitzen. Mehl in heißer Butter kurz anschwitzen. Fond, Sahne und Milch einrühren, aufkochen. Bei niedriger Hitze unter Rühren ca. 10 Minuten köcheln lassen. Mit Salz, einer Prise Zucker und etwas Zitronensaft abschmecken. Spargelstücke hineingeben.

4. Öl in einer Pfanne erhitzen. Spargelköpfe darin ca. 5 Minuten anbraten und mit Salz und einer Prise Zucker abschmecken.

5. Spargelsuppe auf Teller verteilen. Den gebratenen Spargel hineingeben, mit Zuckerschoten und Pfeffer bestreuen und mit Kerbel garnieren.

Pro Portion: 4 g E, 12 g Kh, 23 g F

Für 4 Portionen:

- 500 g weißer Spargel
- 1 unbeh. Zitrone
- Salz, Pfeffer aus der Mühle
- Zucker
- 100 g Zuckerschoten
- 50 g Butter
- 40 g Mehl (Type 405)
- 100 g Schlagsahne
- 50 ml Milch (1,5 % Fett)
- 2 EL Rapskernöl
- Kerbel zum Garnieren

20 Min. + 15 Min.
150 kcal pro Portion

Tomatensuppe – heiß und kalt

Für 4 Portionen:

1 mittlere Zwiebel

1–2 EL Olivenöl

1 große Knoblauchzehe

1 kg mittelgroße, sehr reife Tomaten

1 Bd. Basilikum

100 g Crème fraîche (optional)

Salz, Pfeffer, Chili oder Harissa

1. Zwiebel schälen und würfeln. In einer großen Pfanne bei mittlerer Hitze 3 bis 5 Minuten in Öl glasig dünsten, zum Schluss den Knoblauch in Scheiben dazugeben. Tomaten längs halbieren, Stielansatz herausschneiden, mit der Schnittseite nach unten in derselben Pfanne zugedeckt 15 Minuten köcheln lassen. Die Haut mit einer Pinzette abziehen. Je nach Größe der Tomaten in zwei Portionen arbeiten.

2. Tomatenmix in einen Topf umfüllen, nach Wunsch sehr fein oder etwas stückig pürieren, etwa 500 ml Wasser, Salz oder gekörnte Brühe dazugeben und kurz aufkochen, mit Pfeffer, einer Prise Chili oder einer Messerspitze Harissa würzen, eventuell mit etwas Tomatenmark andicken. In Teller oder Schalen füllen und mit etwas gehacktem Basilikum, je nach Wunsch auch mit 1 EL Crème fraîche servieren.

Pro Portion: 3 g E, 8 g Kh, 8 g F

Tipp: *Im Winter sind ganze geschälte Tomaten aus der Dose ein guter Ersatz.*

20 Minuten
286 kcal pro Portion

Brotsuppe mit Kräutern

Für 4 Portionen:

- 500 g frische Kräuter, z. B. Basilikum, Petersilie
- 1 Knoblauchzehe
- 160 g altbackenes Brot oder Brötchen
- 500 ml Gemüsebrühe
- 125 ml Weißwein
- 250 ml Milch
- Salz, Pfeffer
- geriebene Muskatnuss
- 100 ml süße Sahne

1. Kräuter waschen, verlesen und grob zerkleinern. Knoblauchzehe abziehen. Das Brot grob zerkleinern.

2. Die Gemüsebrühe in einem Topf mit dem Brot zum Kochen bringen.

3. Milch und Weißwein eingießen, die Kräuter zugeben und den Knoblauch hineindrücken. Alles mit einem Pürierstab fein pürieren. Mit Salz, Pfeffer und Muskatnuss würzen, eventuell etwas Flüssigkeit zugeben.

4. Die Sahne halbsteif schlagen und unterziehen.

Pro Portion: 11 g E, 32 g Kh, 10 g F

Info: *Kein Roggensauerteigbrot verwenden, denn es wird beim Verarbeiten schlierig.*

30 Min. + 15 Min.
330 kcal pro Portion

Schnelle Minestrone

Für 4 Portionen:

- 1–2 mittlere Zwiebeln
- 150 g Kartoffeln, festkochend (oder 100 g kurze Makkaroni)
- 250 g Möhren
- 2 große Tomaten
- 250 g Zucchini
- 2 Selleriestangen
- 250 g weiteres Gemüse, wie Rübchen, grüne Bohnen, Lauch
- 2 Knoblauchzehen
- 150 g gewürfelter Speck, nicht oder nur wenig geräuchert
- 2 EL Olivenöl
- 1,5 l Brühe (auch Instant)
- 2 Lorbeerblätter
- 1–2 TL getrockneter Thymian
- Parmesanrinde
- 400 g weiße Bohnen (Dose)
- 1 Bd. Basilikum
- 4 EL Parmesan gerieben

1. Zwiebeln, Kartoffeln und Möhren schälen. Das restliche Gemüse waschen, Tomaten entkernen, Selleriestangen entfädeln. Alles in kleine Scheiben, Ringe oder Würfel schneiden. Den Knoblauch häuten und hacken. Insgesamt sollten es 800 bis 900 g geputztes Gemüse sein.

2. Zwiebeln mit Speck und Knoblauch in 2 EL Öl glasig anbraten, dann auch das andere Gemüse bis auf die Kartoffeln, Tomaten und Zucchini. Nach 10 Minuten die Brühe, Kartoffeln, Lorbeerblätter, Thymian und Parmesanrinde hinzufügen und 10 Minuten köcheln lassen. Tomaten, weiße Bohnen und Zucchiniwürfel dazugeben und weitere 5 Minuten köcheln lassen.

3. Lorbeerblatt und Käserinde herausfischen. Mit je 1 EL Basilikumblättern und geriebenem Parmesan pro Teller servieren.

Pro Portion: 24 g E, 32 g Kh, 11 g F

Tipp: *Kochen Sie auf Vorrat. Die Suppe schmeckt am nächsten Tag, wenn die Aromen durchgezogen sind, noch besser. Im Kühlschrank hält sie sich mehrere Tage.*

23 Min. + 22 Min.
336 kcal pro Portion

Grüne-Bohnen-Eintopf mit Kassler

1. Bohnen putzen, waschen und in einem Sieb abtropfen lassen. Fleisch mit Küchenpapier trocken tupfen und in Würfel schneiden. Zwiebeln und Knoblauch schälen, Zwiebeln halbieren und in Streifen schneiden. Knoblauch in Würfel schneiden. Möhren putzen, waschen und in Scheiben schneiden. Kartoffeln waschen, schälen und in Würfel schneiden.

2. Öl in einem Topf erhitzen. Zwiebeln und Knoblauch hineingeben und anschwitzen. Brühe angießen und bei mittlerer Hitze aufkochen. Bohnen, Kartoffeln und Möhren zugeben, mit Salz würzen und ca. 15 Minuten köcheln lassen.

3. Kasslerwürfel zugeben und ca. 7 Minuten köcheln lassen, mit Salz, Pfeffer, einer Prise Zucker und Essig abschmecken. Eintopf mit Majoran garniert servieren.

Pro Portion: 29 g E, 28 g Kh, 11 g F

Für 4 Portionen:

- 500 g grüne Bohnen
- 500 g Kasslerlachs
- 2 Zwiebeln
- 1 Knoblauchzehe
- 2 Möhren
- 500 g Kartoffeln
- 2 EL Pflanzenöl
- 1 l Gemüsebrühe
- Salz, Pfeffer aus der Mühle
- Zucker
- 1 EL heller Balsamico
- Majoran zum Garnieren

25 Minuten
220 kcal pro Portion

Gurkenkaltschale mit Roter Bete

Für 4 Portionen:

2 Salatgurken (1 kg)
500 ml Joghurt (3,5 % Fett)
100 ml Sahne
1 Rote-Bete-Knolle (gegart, vakuumverpackt)
2–3 Bund Dill
Salz, Pfeffer
1–2 TL Zucker
1 Bd. Radieschen
4 hart gekochte Eier

1. Die Gurken schälen, halbieren, große Kerne entfernen, pürieren. Mit Joghurt und Sahne vermischen und mit Salz, Pfeffer und Zucker abschmecken.

2. Die Rote-Bete-Knolle in kleine Würfelchen schneiden, zu der Gurkensuppe geben. Unmittelbar vor dem Servieren den Dill hacken und ebenfalls in die Suppe geben. Nochmals abschmecken.

3. Eier hart kochen, halbieren. Die Radieschen waschen und klein würfeln. Beides bei Tisch in extra Schälchen reichen.

Pro Portion: 12 g E, 10 g Kh, 16 g F

Tipp: *Bei kaltem Wetter schmeckt die Suppe auch heiß. Der frische Dill darf allerdings erst nach dem Garen zugegeben werden.*

5

RAFFINIERTE SUPPENIDEEN

45 Minuten
275 kcal pro Portion

Rote-Bete-Suppe mit Quark-Nuss-Nockerln

Für 4 Portionen:

600 g frische Rote Bete
1 kleine Zwiebel
2 EL Rapsöl
1 EL Weizenmehl (Type 1050)
350 ml Apfelsaft
Salz, Pfeffer
60 g Walnüsse
150 g Magerquark
Kardamom
½ unbeh. Zitrone

1. Rote Bete waschen, schälen und fein würfeln. Die Zwiebel schälen und ebenfalls fein würfelig schneiden.

2. Das Öl in einem Topf erhitzen und das Gemüse darin 5 Minuten andünsten, dabei mit dem Mehl überstäuben. Apfelsaft zugeben, mit Salz und Pfeffer würzen und alles etwa 20 bis 25 Minuten bei kleiner Hitze zugedeckt kochen.

3. Inzwischen die Walnüsse fein hacken und mit dem Magerquark verrühren. Mit Salz, Pfeffer und Kardamom abschmecken und kalt stellen.

4. Zitrone auspressen und die Schale abreiben. Suppe mit dem Pürierstab cremig pürieren und anschließend mit Wasser auf Suppenstärke verdünnen. Mit Zitronensaft und -schale, Salz und Pfeffer abschmecken.

5. Die heiße Suppe in Suppenteller füllen. Mit zwei feuchten Teelöffeln Nockerln aus dem Quarkteig abstechen und vor dem Servieren in die Suppe geben.

Pro Portion: 10 g E, 26 g Kh, 14 g F

Variante: *Für einen exotischen Touch geben Sie etwas Sternanis in die Suppe.*

- 40 Min. + 2 Std.
- 242 kcal pro Portion

Geeistes Koriander-Gurken-süppchen mit Tomatensorbet

1. Limette halbieren und Saft auspressen. Tomatensaft in einem Topf bei mittlerer Hitze mit 60 g Zucker aufkochen lassen. Mit Salz und etwas Limettensaft abschmecken und abkühlen lassen. In einer Eismaschine unter Rühren gefrieren lassen oder in einer Schüssel ins Gefrierfach stellen und ca. alle 10 Minuten umrühren.

2. Gurke waschen, längs halbieren, mit einem Löffel die Kerne herauskratzen. Gurken in Würfel schneiden. 4 EL beiseitelegen. Kräuter waschen, trocken schütteln, gegebenenfalls abzupfen und in Streifen schneiden. Einige Blätter für die Garnitur beiseitelegen.

3. Gurkenwürfel, Kräuter und Joghurt mit einem Pürierstab fein pürieren. Mit übrigem Limettensaft, Salz, Pfeffer und einer Prise Zucker abschmecken. Mindestens 2 Stunden kalt stellen.

4. Suppe vor dem Servieren mit dem Pürierstab kurz aufmixen. In Schalen anrichten. Mit übrigen Kräutern und Gurkenwürfeln bestreuen. Eiskugeln abstechen, mittig in die Suppe setzen und etwas Olivenöl in die Suppe geben.

Pro Portion: 6 g E, 29 g Kh, 10 g F

Für 4 Portionen:

- 1 Limette
- 500 ml Tomatensaft
- 60 g Zucker + 1 Prise
- Salz, Pfeffer aus der Mühle
- 2 Gurken
- ½ Bd. Koriander
- 3 Stiele Blattpetersilie
- 6 Blätter Basilikum
- 500 g Joghurt (3,5 % Fett)
- 2 EL Olivenöl

30 Minuten
144 kcal pro Portion

Für 4 Portionen:

1 Zwiebel

600 g Tomaten

2 EL Rapsöl

Salz, Pfeffer

gemahlener Koriander

1 TL Honig

1 große unbeh. Orange

2 EL Sojasahne

1 reife Avocado

1 Thymianzweig

1 TL helle Sesamsamen

Tomaten-Orangen-Suppe mit Avocadosalsa

1. Zwiebel schälen und in kleine Stücke schneiden. Tomaten waschen, Stielansatz entfernen und grob würfeln. Öl in einem Topf erhitzen und die Zwiebelwürfel darin glasig dünsten.

2. Tomatenwürfel hinzugeben und einmal aufkochen lassen. Mit Salz, Pfeffer, Koriander und Honig würzen.

3. Orange waschen, trocken tupfen, die Schale fein abreiben und in die Suppe geben. Alles für 10 Minuten bei kleiner Hitze köcheln lassen. Sojasahne hinzufügen, 2 Minuten weiter köcheln lassen und pürieren – nach Wunsch die Suppe durch ein grobes Sieb passieren.

4. Orange auspressen. Avocado halbieren, entkernen und das Fruchtfleisch fein würfeln. Thymianblättchen abzupfen. Avocado mit 1–2 EL Saft, Sesam, Thymian, Salz und Pfeffer mischen.

5. Orangensaft zur Suppe geben, diese abschmecken und auf 4 Teller verteilen, Avocadomix daraufsetzen.

Pro Portion: 3 g E, 12 g Kh, 14 g F

Variante: *Wer es gerne säuerlicher mag, kann statt der großen Orange eine kleine verwenden und Schale sowie Saft einer halben Zitrone zufügen.*

30 Minuten
216 kcal pro Portion

Eisbergsalatsuppe

1. Den Eisbergsalat halbieren, putzen und waschen. Die Salatblätter in Streifen schneiden. Zwiebeln abziehen und in Würfel schneiden. Basilikum und Minze waschen, trocken schütteln und die Blättchen von den Stielen zupfen.

2. Kräuter mit 3 EL Olivenöl und einer Prise Salz fein pürieren, z. B. im Blitzhacker.

3. Das restliche Öl in einem Topf erhitzen und die Zwiebeln darin glasig dünsten, dann Salatstreifen dazugeben. Alles kräftig mit Salz und Pfeffer würzen und mit Brühe aufgießen. Die Suppe einmal aufkochen.

4. Buttermilch, Salz und Pfeffer hinzugeben und 3 Minuten bei kleiner Hitze ziehen lassen. In einer kleinen beschichteten Pfanne ohne Fett die Sonnenblumenkerne anrösten.

5. Vor dem Servieren Kerne und Basilikum-Minz-Pesto auf der Suppe verteilen.

Pro Portion: 7 g E, 9 g Kh, 17 g F

Varianten: *Sie können auch Endiviensalat für die Suppe verwenden. Buttermilch kann durch fettarmen Joghurt oder Ayran ausgetauscht werden. Als Topping eignen sich Kürbis- oder Cashewkerne.*

Für 4 Portionen:

- 1 kleiner Kopf Eisbergsalat (300 g)
- 2 Zwiebeln
- ½ Bd. Basilikum
- ½ Bd. Minze
- 5 EL Olivenöl
- Salz, Pfeffer
- 250 ml Gemüsebrühe
- 500 ml Buttermilch
- 2 EL Sonnenblumenkerne

Geeiste Kartoffelsuppe mit getrockneten Tomaten

Für 2 Portionen:

- 1 kleine Zwiebel
- 2 Kartoffeln (200 g)
- 4 getrocknete Tomaten in Olivenöl (+ 2 EL Öl)
- 250 ml Gemüsebrühe
- 50 ml Sojacreme
- Salz, Pfeffer
- 2 TL Pinienkerne

Pro Portion: 5 g E, 16 g Kh, 22 g F

1. Zwiebel pellen und grob schneiden, Kartoffeln schälen und würfeln. Tomaten in Streifen schneiden. Die 2 EL vom Tomatenöl in einem kleinen Topf erhitzen, die Zwiebeln darin einige Minuten glasig dünsten. Kartoffelwürfel und Tomatenstreifen zugeben und mit der Brühe auffüllen. Zugedeckt etwa 20 Minuten bei kleiner Hitze kochen.

2. Die Kartoffel-Tomaten-Suppe einige Minuten abkühlen lassen, dann zusammen mit der Sojacreme im Mixer fein zerkleinern. Eventuell mit Salz und Pfeffer abschmecken.

3. Zunächst bei Zimmertemperatur abkühlen lassen, dann etwa ½ Stunde in die Tiefkühltruhe stellen. Die Pinienkerne grob hacken und in einer trockenen Pfanne ohne Fettzugabe rösten. Über die Suppe geben und nach Belieben mit einigen Streifen getrockneter Tomaten servieren.

Tipp: *Für eine grüne Variante verwenden Sie statt der getrockneten Tomaten 1 EL Basilikum-, Bärlauch- oder Kürbiskernpesto.*

20 Minuten
240 kcal pro Portion

Avocadosüppchen

1. Chilischote waschen und fein würfeln. Limette halbieren und auspressen. Koriandergrün waschen, trocken schütteln und grob hacken.

2. Die vorbereiteten Zutaten zusammen mit saurer Sahne und Gemüsefond in den Mixer geben und alles fein mixen.

3. Die Avocado rundherum mit einem Messer bis zum Kern hin einschneiden und die Hälften durch leichtes Gegeneinanderdrehen voneinander trennen. Die Hälfte mit dem Kern in der Hand etwas zusammendrücken, sodass sich der Kern löst. Das Fruchtfleisch herauslöffeln, zu den anderen Zutaten in den Mixer geben und noch einmal alles mixen. Mit Salz und Pfeffer abschmecken und bis zum Servieren abgedeckt in den Kühlschrank stellen. Die Suppe nach Belieben mit einigen Avocadostreifen dekorieren.

Tipp: *Für ein kaltes Buffet können Sie das Avocadosüppchen mit der geeisten Kartoffelsuppe in kleinen Portionen, z. B. in Gläsern oder Mokkatassen, auf einer Platte mit Eis servieren. Zur Avocadosuppe passen kleine Garnelenspieße.*

Für 2 Portionen:

- ½–1 rote Chilischote
- 1 Limette
- 3 Stängel Koriandergrün
- 100 g saure Sahne
- 150–200 ml Gemüsefond
- 1 Avocado
- Salz, Pfeffer

Pro Portion: 3 g E, 8 g Kh, 21 g F

30 Minuten
340 kcal pro Portion

Endiviencremesuppe

Für 4 Portionen:

1 Endiviensalat (500 g)
1 Zwiebel
1 Knoblauchzehe
100 g fetter Speck
1 EL brauner Zucker
2 EL Mehl
Salz, Pfeffer
Muskatnuss
1 Stück Ingwer
½ Zitrone
100 ml süße Sahne

1. Endiviensalat putzen, halbieren und gründlich waschen, quer in Streifen schneiden. Zwiebel und Knoblauch schälen, halbieren und würfeln.

2. Speck fein würfeln und in einem Topf auslassen, Speckwürfel absieben. Zwiebeln im Fett glasig dünsten. Zucker zugeben und braten bis zur Bräunung. Mehl darüberstäuben, den Endiviensalat zugeben, zusammenfallen lassen. Mit 500 ml Wasser ablöschen, salzen, aufkochen lassen.

3. Mit dem Pürierstab die Suppe fein pürieren und mit Salz, Pfeffer und Muskat, Ingwer und dem Saft der halben Zitrone abschmecken. Sahne steif schlagen, unter die Suppe heben und mit dem Speck bestreut servieren.

Pro Portion: 5 g E, 13 g Kh, 30 g F

Variante: *Dieses Rezept schmeckt mit jeder Salatsorte. Sie können auch mischen. Dekorativ: rohe Radicchiostreifen darüberstreuen.*

40 Minuten
220 kcal pro Portion

Butternutcreme mit gerösteten Kürbiskernen

1. Den Butternuss-Kürbis sehr gründlich waschen und trocken reiben. Mit einem großen, scharfen Messer halbieren, Kerne entfernen, dann in kleinere Stücke schneiden. In einem Topf mit Wein oder Saft in etwa 30 Minuten weich kochen.

2. Zwischendurch die Ingwerwurzel schälen, in Scheiben schneiden, zum Kürbis geben. Zum Schluss die Kokosmilch und die geriebene Orangenschale hinzugeben.

3. Den Topf vom Herd nehmen und alles mit dem Stabmixer pürieren. Mit 5-Gewürze-Pulver, Zimt, Salz, Pfeffer, Chiliflocken, Honig und eventuell etwas Zitronensaft abschmecken.

4. Die einzelnen Portionen mit gerösteten Kürbiskernen und einigen Tropfen Kernöl garnieren.

Pro Portion: 5 g E, 35 g Kh, 7 g F

Tipps: *Experimentieren Sie mit der Würzung. Sehr gut schmeckt auch die Kombination Apfel und Currypulver anstelle der Kombination Orange und Zimt. Und statt Kokosmilch passt auch Sahne. Wichtig: Ein Hauch von Säure rundet den Kürbisgeschmack ab. Beim Abschmecken am Schluss sollten Sie deshalb ein wenig Zitronensaft bereithalten.*

Man kann für einen asiatischen Akzent die Kürbiskerne durch leicht angeröstete Kokosnuss ersetzen.

Für 4 Portionen:

- 1 Butternuss-Kürbis (ersatzweise Hokkaido)
- 500 ml Weißwein (ersatzweise Orangensaft)
- 100 g Ingwerwurzel
- 200 ml Kokosmilch
- 1 TL geriebene Orangenschale
- ½ TL 5-Gewürze-Pulver
- ½ TL Zimt
- Salz, Pfeffer, Chiliflocken
- Honig
- evtl. einige Spritzer Zitronensaft
- 3 EL geröstete Kürbiskerne
- Kürbiskernöl zum Beträufeln (nach Belieben)

40 Minuten
170 kcal pro Portion

Kohlsuppe mit Pistou

Für 4 Portionen:

- 300 g Möhren
- 300 g Kartoffeln (mehligkochend)
- 1 Spitzkohl
- 2 Frühlingszwiebeln
- 500 g Fenchel (2–3 Knollen)
- 2 Knoblauchzehen
- 2 EL Rapsöl
- 2–3 Stiele Basilikum
- etwas Petersilie, Liebstöckel oder Schnittlauch
- Salz, Pfeffer

Pistou

- 50 g geriebene Mandeln
- ½ Bd. Basilikum
- 4 EL Öl
- 2 EL Orangensaft
- geriebene Orangenschale
- Salz

1. Gemüse waschen. Möhren und Kartoffeln schälen. Möhren in Stifte (ähnlich wie Pommes frites), Kartoffeln in kleine Würfel schneiden. Spitzkohl der Länge nach vierteln, in Streifen schneiden, Strunk wegwerfen. Frühlingszwiebeln in Streifen schneiden, ebenso den Fenchel. Fenchelgrün beiseitelegen.

2. In einem großen Topf den durchgepressten Knoblauch im Öl kurz andünsten, Möhren und Kartoffeln dazugeben und ebenfalls andünsten. Nach etwa 2 Minuten die Fenchelstreifen dazugeben. Mit 1 l Wasser auffüllen und alles etwa 5 Minuten garen.

3. Spitzkohl und Frühlingszwiebeln zur Brühe geben und weitere 7 bis 10 Minuten garen. Währenddessen die Kräuter waschen und hacken. Zum Schluss die Suppe mit Salz und Pfeffer abschmecken und die gehackten Kräuter dazugeben.

4. Pistou: Basilikum hacken, mit 4 EL Öl und den geriebenen Mandeln mischen. Etwas Orangensaft und ein wenig geriebene Orangenschale dazugeben, salzen.

P. P. (ohne Pistou): 5 g E, 25 g Kh, 5 g F

Info: *Kohlsuppe ist mittlerweile legendär als Schlankheitskost. Das hat gute Gründe: Sie ist kalorienarm, füllt aber den Magen und versorgt den Körper mit Vitaminen und Mineralstoffen. Kurzum: Sie wirkt. Aber wer mit dieser Suppe überflüssigen Pfunden zu Leibe rücken möchte, muss wohl oder übel auf das fett- und kalorienträchtige Pistou verzichten – und damit auf viel Geschmack. Nicht verzichten darf er auf eine eiweißreiche Zutat. Das kann gehobelter Parmesan, klein geschnittener magerer Schinken oder eine Creme aus Magerquark sein. Eiweiß (und Bewegung) verhindern bei einer Diät, dass außer Fett auch festigende Muskelmasse verloren geht.*

20 Minuten
170 kcal pro Portion

Spinatsuppe mit Sesam

1. Spinat auftauen (am besten per Mikrowelle), gut ausdrücken, hacken. Zwiebel und Knoblauch häuten und klein hacken. Kichererbsen abgießen.

2. Die Zwiebel in Öl glasig anschwitzen. Knoblauch und Spinat dazugeben, ebenfalls 2 bis 3 Minuten andünsten. Mit Tahini, Brühe, Curry und den Kichererbsen kurz aufkochen. Alles mit 2 EL Sahne pürieren, mit etwas Zitronensaft, Salz und Pfeffer abschmecken, je nach Geschmack auch mit etwas Kreuzkümmel oder Koriander.

3. Sesamkörner in einer Pfanne ohne Fett leicht bräunen. Die recht dickflüssige Suppe pro Teller mit je 1 TL Sesamkörnern servieren.

Pro Portion: 3 g E, 6 g Kh, 14 g F

Für 4 Portionen:

- 200 g Spinat, tiefgefroren
- 1 mittlere Zwiebel
- 1 Knoblauchzehe
- 100 g Kichererbsen (aus der Dose)
- 1 EL Olivenöl
- 1 EL Tahini
- 750 ml Hühnerbrühe
- 1 EL milder Curry
- 2 EL Sahne
- 1–2 TL Zitronensaft
- Kreuzkümmel oder Koriander, gemahlen (optional)
- 15 g Sesamkörner
- Salz, Pfeffer

30 Min. + 15 Min.
438 kcal pro Portion

Mango-Möhren-Suppe mit Sesam und Garnelen

Für 4 Portionen:

500 g Möhren
1 kleines Stück Ingwer
1–2 Chilischoten
2 reife Mangos (à ca. 450 g)
3 EL Rapsöl
½ TL Kurkuma
750 ml Gemüse- oder Geflügelbrühe
je 1 EL heller und schwarzer Sesam
8–12 küchenfertige Garnelen
½ Bd. Koriander
200 g Schlagsahne
Salz, Pfeffer aus der Mühle
2–3 EL Limettensaft

1. Möhren waschen, putzen, schälen und in Würfel schneiden. Ingwer schälen und fein würfeln. Chilischoten halbieren, Kerne entfernen, waschen und fein würfeln. Mangos schälen, das Fruchtfleisch in groben Stücken vom Stein schneiden und würfeln.

2. 1 EL Öl in einem großen Topf erhitzen. Möhren, Chilischoten und Ingwer darin anschwitzen. Kurkuma zugeben. ⅓ der Mangowürfel beiseitelegen, den Rest in den Topf geben. Brühe zugeben und bei mittlerer Hitze aufkochen. Gelegentlich rühren. Zugedeckt ca. 15 Minuten köcheln lassen.

3. In der Zwischenzeit Sesam mischen und in einer Pfanne ohne Fett bei mittlerer Hitze goldbraun rösten und abkühlen lassen. Garnelen waschen und auf Küchenpapier abtropfen lassen. Koriander waschen, trocken schütteln und die Blättchen abzupfen. Blätter in Streifen schneiden. Sahne in die Suppe gießen, rührend aufkochen und anschließend mit dem Pürierstab fein pürieren. Suppe mit Salz, Pfeffer und Limettensaft abschmecken.

4. Übriges Öl in einer Pfanne erhitzen. Garnelen darin von beiden Seiten ca. 3 Minuten bei mittlerer Hitze anbraten. Mit Salz und Pfeffer würzen. Übrige Mangowürfel und Korianderstreifen in die Suppe rühren.

5. Suppe mit den Garnelen in Schalen anrichten, mit Sesam bestreuen und servieren.

Pro Portion: 12 g E, 30 g Kh, 29 g F

20 Min. + 20 Min.
373 kcal pro Portion

Apfel-Schalotten-Suppe

1. Schalotten schälen und in feine Streifen schneiden. 3 EL der Streifen beiseitelegen. Äpfel schälen, vierteln und das Kerngehäuse entfernen. 1 Apfel in grobe Würfel schneiden. Den anderen in Scheiben schneiden und beiseitelegen. Frühlingszwiebeln putzen, waschen und in feine Ringe schneiden. Ebenfalls beiseitestellen.

2. Butter in einem Topf erhitzen, Schalotten und gewürfelten Apfel darin bei mittlerer Hitze ca. 5 Minuten anschwitzen. Apfelsaft und Brühe zugießen und ca. 20 Minuten köcheln lassen.

3. In der Zwischenzeit die übrigen Schalottenstreifen und Apfelscheiben bei mittlerer Hitze in einer Pfanne in Öl goldbraun braten, mit Salz, Pfeffer und einer Prise Zucker würzen und beiseitestellen.

4. Sahne in die Suppe rühren und mit dem Pürierstab fein pürieren. Gegebenenfalls durch ein feines Sieb in einen Topf passieren. Suppe mit Salz und Pfeffer abschmecken.

5. Apfel-Schalotten-Suppe auf Teller verteilen und mit den gebratenen Schalotten und Äpfeln anrichten. Mit Frühlingszwiebeln bestreuen und servieren.

Pro Portion: 3 g E, 33 g Kh, 25 g F

Für 4 Portionen:

400 g Schalotten
2 rote Äpfel
3 Frühlingszwiebeln
50 g Butter
350 ml Apfelsaft
250 ml Gemüsebrühe
1 EL Pflanzenöl
Salz, Pfeffer aus der Mühle
Zucker
150 g Schlagsahne

20 Min. + 120 Min.
300 kcal pro Portion

Zaubersuppe

Für 4 Portionen:

- 50 g getrocknete schwarze Bohnen
- 1 Suppenhuhn (ca. 2 kg)
- 500 g Möhren
- 1 Bd. Suppengrün (Sellerieknolle, Petersilienwurzel, Lauch)
- 1 Stück Ingwerwurzel (80–100 g)
- 2–3 getrocknete Chilischoten
- 1,5 l Hühnerbrühe
- 1 Bd. Petersilie

Pro Portion: 21 g E, 12 g Kh, 19 g F

1. Die Bohnen in einer Schüssel mit Wasser bedeckt über Nacht einweichen.

2. Das Suppenhuhn innen und außen waschen, trocken tupfen und in vier Teile schneiden.

3. Möhren und Suppengrün (Sellerieknolle, Petersilienwurzel, Lauch) waschen. Möhren, Sellerieknolle und Petersilienwurzel schälen; Sellerieknolle und Petersilienwurzel klein schneiden. Die Möhren in 1 cm dicke Scheiben schneiden, Hälfte der Möhren beiseitelegen. Von der Lauchstange das Wurzelende und den dunkelgrünen Teil entfernen, die Stange längs halbieren und in Streifen schneiden.

4. Die Brühe in einem Topf aufkochen, die Hühnerteile, Hälfte der Möhren, Suppengrün und die eingeweichten und abgegossenen Bohnen hinzufügen und 90 bis 120 Minuten (je nach Alter der Bohnen) bei kleiner Hitze zugedeckt leicht köcheln lassen (im Schnellkochtopf dauert es 30 bis 40 Minuten).

5. Inzwischen den Ingwer schälen und in feine Scheiben schneiden. Die Chilischoten entstielen und zerkrümeln.

6. Von der Brühe etwas Hühnerfett abschöpfen, in einen Topf geben und erhitzen. Die Ingwerscheiben und restliche Möhren zugeben, unter Wenden anbraten und 10 Minuten zugedeckt dünsten. Die zerdrückten Chilischoten unterheben.

7. Die Geflügelstücke aus der Brühe nehmen. Knochen und Haut vom Fleisch entfernen. Ein Viertel der Fleischstücke in mundgerechte Stücke schneiden und zusammen mit den gedünsteten Möhren zur Brühe geben. Restliches Fleisch anders verwenden. Die Brühe sehr pikant abschmecken, eventuell mit etwas Chilipulver würzen, damit die Suppe recht scharf wird.

8. Die Petersilie abbrausen, trocken tupfen, die Blatter fein hacken und in die Suppe geben.

Tipp: *Wenn die schwarzen Bohnen in der Brühe mitgaren, wird die Suppe dunkel. Wer das nicht mag, gart sie separat. Sie können auch abgegossene, kurz abgespülte schwarze Bohnen aus der Dose (Einwaage 150 g) verwenden. Diese kommen erst kurz vor Kochende dazu.*

15 Minuten
270 kcal pro Portion

Kalte Radieschencreme

Für 4 Portionen:

- 2 Bd. Radieschen mit Grün
- 200 g Schmand
- Salz, Pfeffer
- 2 EL Olivenöl
- 2 EL Zitronensaft
- 100 g Feta

1. Radieschen waschen. Das Grün abschneiden, trocken tupfen und grob hacken. Radieschen putzen und vierteln.

2. Radieschen mit Schmand sowie Salz und Pfeffer in einem Mixer oder mit einem Pürierstab fein pürieren.

3. Das gehackte Grün im Blitzhacker mit dem Öl und dem Zitronensaft fein pürieren.

4. Feta zerbröseln. Die Suppe auf die Teller verteilen, mit einem Teelöffel etwas von dem Grünmix einrühren und den Feta auf der Suppe verteilen.

Pro Portion: 7 g E, 3 g Kh, 26 g F

15 Min. + 20 Min.
479 kcal pro Portion

Linsensuppe mit Tomaten und Aprikosen

1. Die Zwiebel pellen und grob schneiden. Tomaten waschen, den Stielansatz kegelförmig herausschneiden und ebenfalls grob schneiden. Die Aprikosen grob würfeln.

2. Das Öl in einem Topf erhitzen und die Zwiebeln darin einige Minuten glasig dünsten. Tomaten, Linsen, Aprikosen und die Gemüsebrühe zugeben und zugedeckt bei milder Hitze 15 bis 20 Minuten garen, bis die Linsen gerade eben weich sind.

3. Den Topfinhalt zusammen mit Sojacreme und Tahini in den Mixer geben und fein pürieren. Mit Salz, Pfeffer und Kreuzkümmel abschmecken und, nach Geschmack mit einigen Tupfen Sojacreme dekoriert, sofort servieren.

Tipp: *Wer die Suppe lieber weniger gehaltvoll möchte, verwendet nur je 1 EL Öl und Tahini und tauscht die Sojacreme gegen Seidentofu aus. Dann enthält eine Portion nur noch 12 g Fett und 320 kcal – schön satt wird man trotzdem.*

Für 2 Portionen:

1 große Zwiebel

300 g Tomaten

30 g getrocknete Aprikosen

2 EL Rapsöl

75 g rote Linsen

300 ml Gemüsebrühe

100 ml Sojacreme (oder Sahne)

2 EL Tahini
(Paste aus gemahlenem Sesam)

Salz, Pfeffer

gemahlener Kreuzkümmel

Pro Portion: 16 g E, 36 g Kh, 29 g F

25 Minuten
250 kcal pro Portion

Kürbis-Kokos-Suppe

Für 4–6 Portionen:

- 1 Zwiebel
- 2 Knoblauchzehen
- 1–2 frische Chilischoten
- 1 TL fein gewürfeltes Zitronengras
- 1 EL fein gewürfelter Ingwer
- 2 EL Erdnussöl
- 1 TL Sesamöl
- 500 g Kürbisfleisch
- 400 ml Kokossahne
- ½ Zitrone (Saft)
- 1 EL Fischsauce
- 1 TL Zucker
- Salz, Pfeffer

Kürbiskern-Croûtons

- 1 Weißbrotscheibe
- 2 EL Kürbiskerne
- 2 EL Olivenöl

1. Die Zwiebel würfeln, ebenso Knoblauch und die entkernten Chilis, zusammen mit dem Zitronengras und Ingwer im heißen Öl andünsten – dafür beide Sorten in einer Kasserolle erhitzen. Das gewürfelte Kürbisfleisch zufügen und mitdünsten. Mit der halben Menge Kokossahne zugedeckt 20 Minuten weich köcheln. Dann mit dem Mixstab glatt mixen, dabei so viel Kokossahne zufügen, bis die Suppe die richtige, sanftcremige Konsistenz hat.

2. Die Suppe mit Zitronensaft, Fischsauce, Zucker, Salz und Pfeffer abschmecken – die Suppe sollte feurig scharf, zum Ausgleich ein bisschen süß, aber auch ausgewogen säuerlich und salzig sein.

3. Für die Croûtons das Brot zentimeterklein würfeln, zusammen mit den Kürbiskernen in Olivenöl in einer Pfanne golden braten. Dies lässt sich übrigens gut im Voraus tun, die Croûtons kann man auch kalt über die Suppe streuen.

Pro Portion: 4 g E, 10 g Kh, 21 g F

30 Minuten
427 kcal pro Portion

Maronencremesuppe mit Zitrone und weißem Pfeffer

Für 4 Portionen:

- 2 Schalotten
- 400 g vorgegarte Maronen
- 1 EL Olivenöl
- 1 EL Butter
- 200 ml Weißwein
- 800 ml Gemüsebrühe
- 200 ml Sahne
- Salz
- frisch gepresster Zitronensaft
- frisch gemahlener weißer Pfeffer

1. Schalotten schälen und würfeln. Mit den Maronen in Olivenöl und Butter in einem Topf anschwitzen, salzen. Mit Weißwein ablöschen, etwa 5 Minuten reduzieren lassen. Mit Gemüsebrühe auffüllen. Etwa 15 Minuten bei leicht geöffnetem Deckel köcheln lassen.

2. Mit einem Stabmixer cremig pürieren. Sahne dazugeben, noch mal kurz pürieren und heiß werden lassen, aber nicht mehr kochen. Mit Salz, Zitronensaft sowie frisch gemahlenem weißen Pfeffer abschmecken.

Pro Portion: 5 g E, 44 g Kh, 24 g F

30 Minuten
205 kcal pro Portion

Rotes Paprikasüppchen mit Chardonnay und Frischkäse

1. Paprika waschen, entkernen und klein schneiden. Zwiebel schälen und würfeln. Knoblauchzehen schälen und in Scheiben schneiden. Alles in Öl und Butter bei mittlerer Temperatur 5 Minuten glasig anschwitzen. Mit Salz, Pfeffer und etwas Zucker würzen. Den Zucker karamellisieren lassen. Mit dem Chardonnay ablöschen und 2 Minuten köcheln lassen.

2. Mit der Brühe auffüllen und 15 Minuten gar kochen. Dann mit dem Stabmixer pürieren. Noch mal abschmecken. Wenn die Suppe nicht sämig genug ist, etwas Butter untermixen. Wenn Sie die Suppe durch ein Sieb streichen, wird sie noch cremiger.

3. Während die Suppe kocht, 1 TL Zesten von der unbehandelten Zitrone abreiben. Frischkäse mit der Zitronenschale und dem Basilikum cremig rühren. Mit einem nassen Teelöffel Nocken abstechen und in die fertige Suppe geben, sofort servieren.

Pro Portion: 7 g E, 11 g Kh, 13 g F

Variante: *Wenn Sie keinen Alkohol verwenden wollen, erhöhen Sie die Menge der Brühe um 150 ml. Statt des Ziegenfrischkäses geht auch jeder andere Frischkäse, in diesen können Sie dann 1 TL Tomatenmark und 1 EL gehackte Petersilie rühren.*

Für 4 Portionen:

700 g rote Paprika
1 Gemüsezwiebel
2 Knoblauchzehen
1 EL Olivenöl
1 EL Butter
Salz, Pfeffer, Zucker
200 ml Chardonnay
400 ml Gemüsebrühe
200 g Ziegenfrischkäse
1 unbeh. Zitrone
1 EL Basilikum, gehackt

30 Minuten
190 kcal pro Portion

Karottencreme mit Vanille

Für 4 Portionen:

- 500 g Karotten
- 2–3 EL Rapsöl
- 100 ml Sherry (ersatzweise milder Apfelsaft)
- ½ Vanilleschote
- 750 ml Hühnerbrühe oder schwach gesalzenes Wasser
- Pfeffer
- 1 Prise Zucker
- Chiliflocken
- 100 ml Schlagsahne

1. Karotten waschen, schälen, in 2 bis 3 cm lange Stücke schneiden, in Öl andünsten, mit Sherry ablöschen.

2. Die halbe Vanilleschote aufschlitzen, das Mark herauskratzen und beiseitestellen. Die Schote zu den Karotten geben, mit 750 ml Flüssigkeit auffüllen, gegebenenfalls salzen. Etwa 45 Minuten sanft kochen lassen.

3. Vanilleschote herausfischen, Karotten samt Flüssigkeit pürieren. Mit dem Vanillemark, Pfeffer, einer Prise Zucker, eventuell auch Chiliflocken abschmecken. Die Sahne steif schlagen, zum Servieren vorsichtig und dekorativ auf die Suppe in Tellern oder Schalen geben.

Pro Portion: 2 g E, 11 g Kh, 14 g F

REGISTER